回想那一天，生命從充滿期盼
而變得雜亂、零碎、無味;
卻在黑暗中看見乍現的曙光。
那時，我執著靜候、
默念、仰望、傾訴，
天上的路遂徐徐展開。

——蔡貴恒

獻給母親

她曾將文學的種子灑在我幼小的心田中

獻給父親

他曾默默的培育我，並以身作則的教導我

獻給妻子

妙珊，多謝你的支持及鼓勵。

無論在亮麗的晴空或在黑漆的荒漠，

我都知道你必與我攜手共進

獻給孩子

偉邦、偉昕，多謝你們

帶給我無數永恒的歡樂時光

靈修著作精選｜蔡貴恒系列｜

｜增訂版｜

歸回安息

生活中的靈程手記

蔡貴恒 著

▼

靈修著作精選 • 蔡貴恒系列

歸回安息

生活中的靈程手記

Restoring the Rhythm of Rest

作者
蔡貴恒

責任編輯
張小鳴、蔡錦圖

封面設計
莫可雅

內文設計
莫可雅、陳琦

■

聯合出版

RICHLY CREATION
香港德輔道中249-253號東寧大廈9字樓
RICHLY CREATION
9/F, Tung Ning Building, 249-253
Des Voeux Road, Central, Hong Kong
電郵：info@richlycreation.com
網址：http://www.richlycreation.com

基道出版社
香港沙田火炭坳背灣街26號富騰工業中心1011室
LOGOS PUBLISHERS
Unit 1011, Fo Tan Ind. Centre,
26 Au Pui Wan St. Shatin, Hong Kong
電話：(852) 2687-0331　傳真：(852) 2687-0281
網址：http://www.logos.com.hk

發行
基道出版社

承印
陽光印刷製本廠

●

7/2006增訂版
Cat. No. LP727-3
ISBN-10: 962-457-312-3
ISBN-13: 978-962-457-312-1

Printed in Hong Kong

刷次	10	9	8	7	6	5	4	3	2	1
年份	2015	2014	2013	2012	2011	2010	2009	2008	2007	2006

緒序

我愛聽蔡牧師講道，因為在他的分享中流露出牧者心腸剛柔面的融合、令人反省的雋思，鼓勵人在過客路上，靠著神的恩典作一個朝聖者的執著；我愛讀蔡牧師的文章，因為那些文字代表了他在朝聖旅途中有血有淚的掙扎，代表了他在掙扎中的反省和自決，在在鼓勵信徒和牧者放下偽裝的重壓而沐浴神恩典海洋的溫煦中。

蔡牧師積多年在牧會經驗中對人性弱點的體會，和香港教會在過去幾年所遭受的衝擊和苦難的認同，便執筆寫「靈根自植」(編按：《時代論壇》週報專欄名稱)，鼓勵信徒從事「心靈的再開發。過客心中的折磨及創傷要被撫平，他的心不再錮於世途險惡，也不再偏執於一己的成敗得失，反而是勇敢的自我栽植及自我承擔」。他從靈程學的觀點，將由大衛到保羅、由古教父到改革家、由中世紀的修道士到近代靈修師傅的教訓，以清通雋永的文字呈現在我們眼前。他這樣寫一位名叫薇依的法籍猶太人：薇依「活在一個苦難的年代，顛沛流浪，由始至終都身體力行的認同工人，農民及被逼害的人羣的命運。對薇依來說，真正的認同乃是參與被害者的苦痛——在身體上，感受上及精神上。驟眼看來，她是選擇了地獄，實則上，她是選擇了天國……」在另一篇文章中他寫道：「心靈的開發，就得行心靈的路，心靈的路在天，心靈的路在地。心路有時盤旋而上，有時急轉直下，有時更是迷濛一片，沒法前進。」他就是這樣以其獨特的風格，天馬行空地引領我們馳騁於靈程師傅們的深邃雋思之中，又同時引領我們在自我生命的幽谷中反省而得與神相遇的驚喜。他在文字上的淬礪，使我們的思想能穿越時空，一時在天，一時在地；一時在光明，一時在幽暗；過去和現在交織，夢想與現實融洽，令我們的思想在時空中閃動，在朝聖路上沉思、得力。

誠意地向廣大信徒推介這本書，理由不止是本書能以清通的文字將朝聖途中的掙扎和喜樂呈現在我們眼前；更是由於蔡牧師那份「勇闖新境界，植根新天地」的勇氣和抱負。

願這書幫助更多信徒踏上朝聖之路，更深入的認識神，從而更深入的認識自己。

褚永華

一九九五年九月十五日

我喜歡樹，因為樹代表生命。

雖然好像是寂然的站在那裏，卻孕育了無窮的生命。春天，樹開花；夏天，樹繁茂；秋天，樹落葉；冬天，樹安眠。

生命——不少人已經說過——固然有他的春夏秋冬；但跟樹不一樣，人生的季節不單未可逆料，人的反應跟樹也截然不同。當樹根扎於大地，它的枝條高高伸展，人卻始終徘徊於流浪的土地與永恆的天國之間；生命萎縮。

樹對天地的回應卻是那樣的豐盈而有序。它的葉子、它的顏色、它的果實，還有它的身軀，都帶給人一份奇妙而舒泰的感覺。並且，無論日子的更替如何，樹總是那樣美麗、忠誠；日復日、年復年的站在那裏成為人的蔭庇，也叫人賞心悅目。

生命呢？無暇去想的人也隱隱覺得生活失位，心情忐忑；在痛苦磨練中的人，那份前無去路的感覺就更強烈了。至於那些仍有點空間的人，在尋找更大的安頓的過程中，竟也像推開一扇門，只是看到一點生命的影兒，待要循此門路去覓得生活的指標或藍圖時，卻忽然發覺自己又迷途了。

這樣的不穩定及不可測，概言之，也就是我幾年來非常深刻的感受了。雖然已選擇了靈根自植，深信根種於神，並持一負責任的態度去回應生命時，總不致於進退失據，心靈失序吧！事實上，自從七八年前鍾情於靈程的探討及安靜的操練以來，生命確曾呈現過繽紛的色彩。

回想那一天，生命從充滿期盼而變得雜亂、零碎、無味；卻在黑暗中看見乍現的曙光。那時，我執著靜候、默念、仰望、傾談，天上的路遂徐徐展開。漫步於其中，心靈的躍動變得清新；雖有心結難題，亦體會到共融於基督的深沈安穩。

馳騁於天際與心靈之間，漫遊於眾生及靜默當中，我開始找到了生活以外的秩序。其實，靈根一直都藏在那裏，正如神一直以我們為祂的居所。更深的發現就是，親身的經歷主發言，人聆聽；人傾吐，主垂念那種意境。原來，神一直都在等候我們和祂一起演繹人生，我們卻獨自追尋。

過去幾年，我懷著興奮的心情與讀者及同學們分享靈程進深的信息，叫我不在艱難時倒退的正是神同在的信念。操練安靜禱告的心情，經過這幾年，漸漸由最初的燦爛眩目的顏色，化作如樹幹般的褐色。那卻仍然不是堅毅的樹幹，叫人可以放心的倚靠。於是，我開始明白生命的操練確是不斷自植之路；我不單不可以取代別人去自植，更沒有生命成長的絕對把握。

讀者們，惟有你能鋪展到天上的路！也惟有你在鋪展的歷程中能對神、對己、對世程有更深雋的體會與關懷。並且，這樣的走下去，你和我都該看到生命推開一扇又一扇的窗；當每扇窗都把天上的光透下來的時候，讓我們都像樹一樣的站在那裏，見證生命！

《歸回安息——生活中的靈程手記》的出版，可以說是我推開天窗的歷程與感懷。如果說這些文章吸引了你去祈禱、默想、努力的生活，我會非常欣慰。如果說這些文章指引你新的方向，這也是我樂聞的。但請緊記，這只是一個曾推開天窗的人，為你分享靈路心旅的點滴。你還是要推開你的窗的。

這本書的內容大部分曾刊登於《時代論壇》(〈靈根自植〉)，也有一些作品是刊登於其他雜誌及刊物的。自植篇嘗試去解說屬靈生命成長的真貌，拾步篇則是在禱告歷程中心靈的感受及反應。當中的經驗不單來自充滿衝擊的生活，但也來自密室中與主的對話。朋友、弟兄、僕人篇(即初版「靈友篇」)是繁累生活中我邂逅的、又或是深交的朋友；但二者都帶給我生命的啟發。

傳承篇(即初版「家國篇」)是以禱告的心情來寫下我對土地及人羣的繫念。靈糧篇的內容是一本又一本好書的介紹及反省。寫這些文章時，常渴望華人教會的信徒更重視閱讀與屬靈生命的關係。最後是朝聖篇，當中有關禱告的文章都比較理論，作為這本書的一個註腳，也很適合。因此也就把它們安排在這裏。

最後，要說幾句多謝的話。首先要多謝的是太太妙姍；她的支持及容許我有更多的空間去安靜及寫作，實在至為重要。我也要多謝不少一直在旁鼓勵我寫作的讀者及朋友們。在此要特別感謝黎海華的指正，從她身上我看到一位寫作的前輩的美好榜樣，這策勵我不斷努力。此外，基道出版社的張小鳴在屬靈作品上的異象及推動的不遺餘力，工作態度的嚴謹，也使我深深感動。

回港剛好三年，期間結交了不少在靈命操練上共同探索的好友，他們的隻字片語，都或多或少的豐富了我的靈感；並且也使我在寫作及禱告的過程中，經歷到靈友的助力。

賜序的褚永華牧師是主內的長者，他對神學訓練，特別是傳道者的生命成長有很大的負擔。我在靈程學的探討方面，也得著他不少鼓舞。我衷心的感激他。

序

> The higher goal of spiritual living is not to amass a wealth of information, but to face sacred moments...What is retained in the soul is the moment of insight rather than the place where the act came to pass...Spiritual life begins to decay when we fail to sense the grandeur of what is eternal in time.
>
> Abraham Heschel

〈歸回安息〉出版十年了；日子的飛逝不單使人驚詫，也使人明白更多的擁有也只會隨風而逝的道理。

當年出版這書，只寫了跋，所以現在再來寫也覺適切。在原書跋中我形容歸回安息就像：「推開天窗的歷程與感懷……」我今天仍然覺得歸回安息是個人必需體驗的獨特歷程與感受。相對於九十年代中期，歸回安息對今天的信徒來說同樣顯得迫切，可是，真正意識到安息的重要性的可能仍然是小眾罷！

不過，過去十載的風雨也的確使人不得不思索生命的意義。由九七回歸後的經濟風暴所帶來的民生困境；禽流感以至於 SARS 所引來的全城不安，以至於隱伏的社會問題如青少年出路、新移民家庭的衝突的爆發等都說明這城市並沒有真正的平安。

十年的人事幾番新。我的孩子長大了，我們夫婦亦更同心同工了。但在目睹其他家人及朋友的離世，和社會變遷中人羣的失落、空虛與迷惘，我會感到唏噓！我感恩的是神讓我們經歷了建立教會的喜悅，也目睹生命更新、心靈醫治的興奮。數年前，我們毅然的創辦了靈根自植的事工，目的就是推動信徒生命更新與成長；並透過為肢體輔導、禱告，聚會及在退修中經歷祂的作為。

這幾年也有更多時間寫作及教授神學，我也落實的去訓練一羣導師，期望他／她們能帶領別人歸回安息。在這過程中，神提醒我不要鞏固自己地位與價值，而是去建立效法基督的領袖與教會。神說：安息就是最重要的價值；神要引導我們更深的體會永恆而又神聖安寧的神人相遇就是眾教會和世人都在等待聆聽的信息。

在此，我要多謝基道出版社對〈歸回安息〉的重視。我也要多請謝很多好友在寫作上的策勵，和弟兄妹的支持。在新版的〈歸回安息〉中，除了一篇新的文章之外，主要的特色是我加入了默想的部份。認識我的朋友都知道我喜歡散文，但這一次新版的嘗試是要鼓勵大家操練默想。本書的多個題目都是默想的重要素材、和個人成長也有蜜切關係。讀者們仔細的讀文章的部份時，更要調校速度讀默想的部份，力求安靜、進入與神同在的寧靜中。我提議大家每次只讀一篇文章、默想一個段落，然後將心得寫在你的靈程扎記中，相信必有所得。

我的禱告是求神給我們多一份專心與刻意；在忙碌的日

程中，要學習專心一致的活出與別不同的新生活形態。這樣的操練要求我們集中焦點、定睛上主、持續及堅毅的禱告與默念，那樣，我們將體會經歷神的新鮮與深度。我期待著你與我分享這份喜悅呢！

二十一世紀的靈程學問

面對二十一世紀的激列的翻騰和迅速的改變，教會可以為這個充斥著痛苦、掙扎和不安的時代提供整全的答案嗎？答案是不能！

沒有神學可以提供所有答案，靈程學 (Spirituality) [1] 也不可以。如果二十一世紀是個不確定或吊詭的年代，過去的二十個世紀何嘗不是，照樣，二十一世紀將面對的大趨勢也是歷史承受過的，只是以不同的形態出現而矣。

其實，基督的教會確有永恆而準確的答案：耶穌基督的真光。無論時代、文化、人心怎樣驚異地改變，上帝的不變仍透過基督的真光照耀、穿透那各種形式的束縛及捆鎖。但我們畢竟太多學問上及方法上羈絆防礙、心理偏差。因此，單純的追求以下的方向是急切和必需的：

一、基督的呼召不變：直到永恆，基督仍以祂救贖的愛來呼召眾生；基 督仍以無窮生命的大能來呼召教會。這呼召就是靈程學的核心。它不單成為教會的真正原動力，也是神人感應契通的中心。二十一世紀的華人教會及信眾必需親身經歷這呼召，與基督相遇於生命的景況及生活的處境中。然而，我們必需了解呼召的吊詭性——在死中明白生，在苦中體會樂，在悲中尋喜，在憂傷中經歷平安。這是切身的體驗，也是不可或缺的體驗。另一方面，我們亦必需深信神常帥領我們在基督裏誇勝；祂的愛激勵我們。

二、生命的自植不變——若體會生命成長的複雜及獨特性，便明白個體必須負責任的自植之理。基督信仰的靈程學(Christian Spirituality)既以個人與基督的相遇始，則其過程亦必定是親身體驗。生命自植在基督裏，與祂相交，卻並非自我中心。二十一世紀的教會處身於「新紀元式」的自以為是及「傳統屬靈」的羣體壓力兩種拉力中，極易產生偏差。因此，鼓勵信眾追求獨立成長，應著重生命的醒覺(Awakening)、生命的意識(Awareness)及生命的渴慕／愛情(Affection)都必需有愛和平安的元素在內，以至自植的動機是純淨的。

羣體的意識固不可少，但真正有深度的敬拜羣體(worshipping community)及禱告羣體(comtemplating community)卻和個人在自植過程中的生命發現有密切關係。個體作為一個朝聖者(pilgrim)是沒法被取代的，其在敬拜相交、禱告中的發現將回饋羣體。在重新肯定羣體相屬及生命彼此影響時，應學習尊重人的尊嚴與價值，並接納別人的抉擇。這樣生命的自植不單不會帶來自我中心，反而會引導我們進入深交，從而解決教會中分剖及疏離的現象。

三、傳統的塑造不變——我們是踏著傳統走過來的。任何刷新及重整傳統的行動，其實都自覺或不自覺的被傳統影響著。迎接二十一世紀，教會在重拾古典的瑰寶，跟隨聖徒的腳蹤上必需有更準確的把握。無疑，靈程學(Spirituality)是科際性(interdisciplinary)的探討；其多元性及複雜程度，未必就能輕易以一個神學代模(paradigm)來承載之。在肯定神學建構的重要性之餘，我們對宗教、文學、藝術、科學、心理學、美學等亦當將一開放態度。我相信傳統作為一導引性 (directing) 的價值、聖經的原則性價值及人文、科學等價值都是相輔相成的。傳統的獨特價值卻在於使教會在有所持守中能進步。否則，在對應次文化、本土化及專門化等課題上，我們極易被拖帶得頭暈轉向。然而，在返璞歸真及迎向未來的張力中，除了科際研究的重要性外，我希望見到的是傳統的更新與整合——沙漠教父的誠實、清教徒的宣講、五旬宗的恩膏、改革宗的聖經、改教前的靈修禱告傳統、近代教會對社關的表達……等等，都是值得我們反省及整合的經驗。

四、信息的內容不變——今天或將來，我相信教會及世界都需要平安的信息。[2]恐懼及傷害不單在社會的不同單元中，也在教會中。或者，我們更需正視後者。因為架構、人事、自私自利等所帶來的暴力，其實亦在教會中滋長。「我和我父家都有罪了」——教會若能提供平安的信息，必需深切反省自己的不足，並徹底放下據山為寨、見招拆招等心態。我們必需在心靈誠實的敬拜、坦城相交及代禱中體現這種平安，我們才能與人分享平安。再者，能分享平安的必定是那些矢志委身效法基督的榜樣的教會；他們必需謙卑的去到營外受死。當教會實踐以生命相許的款待及相交時，我們在宣講及行動上分享平安的信息時才會有真正的果效。在這資訊千變萬化的時代，教會尤應持守這平安的信息。

---

1 Spirituality：靈修神學，筆者一貫稱之為靈程學；靈程學則涵括了靈命塑造及靈修的學問。以下，筆者一律以靈程學代替靈性學。

2 平安不是消極的安慰，而是積極的安穩，甚至是公義的彰顯。

目錄

朋友、弟兄、僕人

傳承

靈糧

朝聖

自植

靈根自植

一邊
是歷史，是昨天的教訓；
另一邊
是今天，是魄力與未來。

楊煉

開始提筆寫這系列文章，就像啟程往一未知之處，心中不期然地忐忑。我希望文字載著真摯的感受及體驗，能溝通更多的心靈。在這飄搖的世代，願文字能鼓舞我們不妥協地活出扎根於永恆的生活形態。

窄路上的過客 (sojourner)[1] 流離無依，因此他必須同時作一個朝聖者 (pilgrim)。過客徘徊於文化及歷史的大道上，他的感傷，正如很多中國知識分子一樣，使他更孤獨。他的孤獨使他漸漸明白除了腳下的國土外，他還得瞻望永恆的夢土。他的心靈植根於上天下地。

靈根自植，就是心靈的再開發。過客心中的折磨及創傷要被撫平，他的心不再錮於世途險惡，也不再偏執於一己的成敗得失，反而是勇毅的自我栽植及自我承擔。

心靈要開發，就得行心靈的路。心靈的路在天、心靈的路在地。心路有時盤旋而上，有時急轉直下，有時更是迷濛一片，沒法前進。屬靈人卻並不退後，他的心對他說：「站住！」

過去四五年，香港教會面對巨大衝擊，無法站住。當中的辛酸及痛楚的眼淚，惟有神全知道。經歷憂患的你可能已很疲累，不卻啟航。太多的聲音使你的心靈不得安頓。

你漂流、你失位、你對生命的隔絕有更大的體會。你知道不能再以事奉、功業、名利、成功來補償。你心須闖開一新境界，在各種張力中尋得一平衡點，進退有據的創造未來。

因此「勇闖新境界，植根新天地」，就是我在本書要和各位讀者共同經歷的一個過程。

1 sojourner: one who sojourns; wanders; an alien, a stranger；即無地之民、漂泊、無根的人、流離失所。但聖經同時用pilgrim說明朝聖的歷程，創世記記載亞伯拉罕的經歷，正是聖經形容的朝聖人生，雖然顛沛流離，卻永恆地注目於天地的主。

與神相愛，與己相感

除祢以外，讓我忘掉一切。

參詩二十七

我不再掙扎，我只等候將我如枯骨的身軀化作一舞蹈的肢體。

參結三十七 1～11

我願我的生命能自然流露，我不大喜歡刻意的經營。靈根自植，是根於神、植於神，溫柔的配合神在我們身上的工作。

神在我們身上要作甚麼工呢？

第一，神要我們更深入的認識祂是怎樣的一位神。何以神容許我們經歷險地甚至絕望之境呢？因為在這處境中你不再能作甚麼，你也終於放棄你的刻意。你開始真正及誠實的問：「神啊！祢到底是位怎樣的神啊？」然而，理性的答案未必幫到你。

閉上眼，或者就能夠安靜一點。現在，從心中想起：神是我的神。神是美善、神是希望、神是永恆……重複的、連續的想起，刻意或溫柔的忘記你的分心。

忘掉你不明白的、忘掉別人對你的不好。忘掉人及自己加諸自己的傷害……並不是說甚麼也可以不留痕跡的一筆勾消，而是你願意開始明白及發現，擁有神比執著你的不解與痛楚更好。

第二，神要我們更深入的認識自己。要認識自己，就要放手放心的讓神光照、讓神助你看見。

祂不單知道，祂也諒解。你對自己的認識就是隨著這種諒解的體會而加深的。

你不掙扎時，你看到原來的你了。這使你灰心嗎？痛楚？且慢！這是被神光照看清本相的苦，抑或是自我誇大的情緒？你的禱告是「主啊、祢知道」的溫柔呼喚，抑或自覺是殉道者的大聲疾呼呢？

昔日，耶穌倒在苦路上！祂沒有執著於被世人知道。祂憐憫的心腸卻說：「他們不知道。」

我寫這書，正是目睹華人教會太多刻意及外顯的經營、太多誇張及故意「屬靈化」。太多術語，太多「正直」。生命的真相被一重又一重的面紗厚厚的蓋著。

這使你痛苦嗎？不是有很多人仍愛用神的名字，愛以神的名義，去記著一切、去掙扎，卻看不清神的面目，卻看不清近景、遠景嗎？

我不得不承認我的失望。我也不得不承認我的經營。但靈程學既是一個朝聖的旅程，我是絕對沒有理由放棄的。因為我還要釋放開懷地與主共舞，舞出自然而輕快的節拍。

想像一下你站在高山上宣告一個對自己及世人最重要的信息。你會說：「在基督裏的我是可以成長的。」，「我是屬神的，我是被釋放的，我是永不被拋棄的，我是被永遠紀念的」嗎？世人需要這個信息嗎？我的盼望若不是屬於祂、連繫於祂、被祂深深的愛與擁抱，我還有甚麼信息呢？

近景·遠景

目前，腳下，最是要緊。你得把握目前，你當掌握腳下。然而，懂得自處於目前的人卻會為腳下所絆；執著於眼前的景物很容易就忽略了宏觀的天地。

因此，你應看腳下，你當看天際。腳下好比近景，天際好比遠景。要認清生命的真相，必須了解生命在目前此刻的真象，又能掌握生命的永恆意義。這就是生命中最重要的兩幅圖畫了。當近景與遠景在你心中重疊，你遂看清了生命的真正景況。你這樣看時，遠景亦變成近景了；天際遂落到你心中。

我心不似你心，你我各有獨特的境遇與心路，所以我不必強求你和我所看的盡都相同。我執著的應該是你的自由。你對我亦當如此。

你的自由不似我的自由。你自有你的選擇及風格。我不執著於生命的比較，我執著的是你應運用你的自由去透視人生的近景與遠景。我對自己亦應如此。

我相信神願意介入你我的近景、遠景，神在你我心中。我若連自己的心景也未能完全洞悉，我又怎能說你缺乏我的識見和深度呢？而事實上，在亙古常存的大智慧眼中，識見和深度又是甚麼呢？

或者，我也應看重遠景、近景的視域，多過看自己的深度與識見。你說是嗎？

悠然、坦然的將近景帶入遠景，讓二景融匯，這是生命得到安靜及休息的良機。為甚麼你輕輕的讓這種心靈的自由溜走呢？為甚麼放棄了廣闊天地而自處狹室呢？生命的安息豈不就是將日光之上的永恆帶進日光之下的現在嗎？

香港教會的弟兄姊妹有專業訓練者眾，有識之士亦多；但教會的使命多由少數人肩擔，正是因為大部分信徒仍未開始自植靈根，更未認定自己有自由去觀心，與可以在此時此刻觀神。

相反，我們浪費了很多精力去尋找「一套永恆」的價值觀；不單捆綁了自己，亦捆綁了他人。

或者，有人會說已經掌握了現況，亦識得如何禱告。那麼，他就該存更謙卑的心與神同行。

可惜，真正能自植，有充分的自覺及自我了解的畢竟不多。於是徒使人的生命受障礙，也從不能進入自己心靈的廣闊空間。

靈根自植在這方面要探討的是信徒的人格建立的課題。高義(Stephen Covey)在他的著作中一針見血的指出性格倫理(character ethics)是美國成功的基石，因為性格倫理的指標就是謙卑、忠誠、勇敢、誠實等金律。

你能用一條甚麼律來說明這些指標嗎？不能，你能做的就是運用你的自由，自由地選擇去看近景、遠景。耶穌正邀請你去觀看呢！

有人將自植與成長看成道德生活的總和；又有人將成長等同事奉的果效，也有人將成長放在美德和靈性的天枰上，我們忘記了成長與自植的基礎必需由我們與神的關係開始。

在神人關係中，神最希望我們不斷肯定這身分。祂願聽到我們由衷的對祂說：「天父啊，我們是你的兒女，我愛你」多於我們美麗的外表；也多於我們虛浮的事工；更多於我們為自己加上的許多「身分」。

天國與地獄

有第一步就必定有第二步嗎？霧散了就可以起行嗎？霧不是還會再來嗎？有時恨不得有張藍圖，像手提電腦那樣方便，一按鈕便知下一步該如何走。

停止是駭人的，正如死亡。面對山雨欲來之勢，你會戛然止步。最令人氣憤氣短的是無徵兆可尋之風雨、意外的停止。踏出「理所當然」的第二步之際卻發覺墮入了一片黑漆中。

停止正如死亡，有其詭祕性，同樣，心靈的素質、人格的倫理早已停止，正如死人心已死亡只餘微溫的軀體，眾人卻仍然前行，淩亂的步伐構成了一幅城中的死亡圖象。

停止固然可怕，但我們必須領悟停止的真正意義！

西蒙·薇依 (Simone Weil)[1] 只活了三十四年 (1909-1943)，但這位生長在法國的猶太人卻有一顆等候神的心。等候、不動就是她的抉擇。對於薇依，甘心的停止實在是一種「神祕的首肯」(mystical YES)。

活在一個苦難的年代，顛沛流浪的薇依，由始至終都身體力行的認同工人、農民及被逼害的人羣的命運。對薇依來說，真正的認同乃是參與被害者在身體上、感受上及精神上的苦痛。

驟眼看來，她是選擇了地獄，實則上，她是選擇了天國。她的選擇正是停在神面前注目祂，並領受祂的答案。

你現在可以開始學習享受停止了，但不要浪漫的以為你必定踏進一鳥語花香的境域。期待著你的可能是漫漫長夜。那時，你不要空喊「寂寞無行路」，你應看到受苦的眾生，你苦楚的心靈開始更敏感於一己的淒涼，亦更能共感。

靈根自植的要訣之一就是自決——自由的選擇 (freedom to choose)。無論在任何環境下，我仍然是一個有權作主的人。大衛說我有神就足夠了；保羅說我活著就是基督。他們停在神的面前。此刻，天國與地獄並列了，只待人去選擇。

一步即成地獄；一步即成天國。你凝望著地獄、天國。你準備舉步嗎？還是停下來？

1　一位被存在主義者卡繆稱為一代偉大精神的猶太女士，她在短暫的一生中實踐了基督道成肉身、住在他們當中的教訓。她不僅是行動家，也有不少傳世作品。

聖經以穿上新人來說明成長的歷程。這似乎是自然得可以不假思索的事，但舊衣服穿得太久會破爛；舊皮袋裝不了新酒也一樣會破裂。我們要與舊的思想與方式說再見、不單是意志的事，不單是行動的事，也不是一朝一夕的事，更重要的可能是不假思索的信心。

生命的幽谷

沒有人會喜歡回到起點。重頭再來不單帶來壓力、羞愧、內疚，並且會漸漸的成為重負，把人壓得透不過氣來。

回到起點也意味再學習使用以為熟練了的技巧，重新經歷一個初學者的各種感受，心情起伏不定，沮喪也隨之而來。

因此，沒有人甘願，也沒有人會選擇回到起點，我們只願重溫、懷舊。當恐懼、仇恨、爭鬥、死亡把我們帶回起點時，我們便自然忘了在起點等候我們的是我們的主、我們的神。(王上十九7)

主啊，祢知道我當走的路甚遠，而我已疲累不堪，
祢知道我不願重新開始，也不願停在祢的面前。
我更不願故作鎮定，我害怕，甚至憎惡虛假的安寧，
我執著於我的憤怒及失望，我不能說，
「願祢的旨意成就！」

我說：「我只是人！」

以往的技巧不管用，以往的經驗只帶來更窒息的感受。苦澀從最深處升起、落下，又再升起，我怎能說，

「祢的道路在深海中。」

主啊，我竭力的平靜，愈是竭力，愈是往下沉。

於是，我的憤怒幾乎氾濫；我的失望幾乎決堤。

雖然我知道「與祢面對面」的重要，我卻被孤單及憤怒捆綁。

心中不斷有個聲音：「我很孤單，沒有人能明白這種孤單。」

絕對沒有錯誤，我指控的原來是祢。

祢看——我就是這樣的一個人，

我將我的憤怒向祢傾倒，我蓄意的反叛，只想告訴祢，

我只是個極需要關係的人。

害怕分手，不是怕沒有以後，

而是捨不得短暫的分離奪取了片刻的聚首。

今夜，我攤開稿紙重新經歷這些感受，我不能不承認在此無常人生中恩典之可貴。祢雖然看見我的沮喪與控訴，祢

卻選擇站在我旁邊，祢就是這樣站著，似乎在說，來，跟我來到各各他。

靈根自植的路的確很遠、很陡。從第一步開始，到重新再開始，人在心中意識到生命的真相。回到原處，其實並不是在原地踏步，而是對原處更深一層的了解。[1]這種了解是活出來的。這種經歷教人更謙卑，連憐憫柔和的心也要發芽生長了。

---

1 艾略特(T. S. Eliot)詩作中的一節啟發此靈感，原文為：

Little Gidding

We shall not cease from exploration
And the end of all our exploring
Will be to arrive where we started
And know the place for the first time

自植的種子是恩典；但自植也需要建立穩固的基礎。這基礎就是在基督裏自覺。自覺不是思想而已、自覺是生命藏在神裏面時的看見，是站立在神面冰前此時此刻生命被觸動，是心靈復跳躍與全人的皈依。

谷中情源

谷中、心靈的深處，是我們感到陌生，甚至不熟悉的空間。下到谷底，我最初見到的只是漆黑一片。然後我的眼睛開始適應週遭的環境；我站得比較穩固，心中比較釋然。

不忙於尋找出路，也不忙於對心中的情緒作出反應。我開始回想——回想昔日我是怎樣行過來的。

我見到一個雀躍的我：年青、單純、踏著大步向前。我彷彿聽到自己的歌聲、我的認信：「主啊！我在這裏！」

我說：「主啊，我愛祢，我亦愛受苦的眾生。」我看到往日的自己自信的站於主前。我懷緬那種豪情，我追想我重情和用情的緣由及種種。我詫異，禁不住的想留在往日。

我沉思，自心頭泛起一個疲乏的影象——那人低頭自忖，那人禱告問天，那人在牧養，那人時而歡呼，那人時而低迴，那人轉過頭來，原來又是昔日的我。那時我說：「主啊！賜我恩膏並教我明白『讓我愛而不受感戴』的功課。」主溫柔的回答：「我曾題你的名召來，你是屬我的。」

由心中湧出清泉，由靈中湧出讚歎，我清楚我實在是踏著恩典走過來的。

然而，我開始省悟我苦戀的堅貞，只不過是我還未學識安頓於主的恩手中。我慚愧，我卻更俯伏於恩典前。

恩典召我前往，恩典伴我走過風暴，恩典教我以盼望迎候彩虹。

恩典說：「基督釋放了你！」

我抬頭仰視，凝目於恩情的神。我緊握的拳頭開始放鬆，我再清晰的聽見釋放！釋放！

我無言，我不看自身，我仰望，我卻掏衷情還我主，卻發覺我已是一無所有。[1]

一無所有的我，卻有主。

那時，我忘了我的腳下；那時，我不問理由；那時我只知道「活著就是基督。」

來，讓我們起程，動身「回應那個召喚，走向最低下之處……走向低處然後再升起」。

1　一無所有，只有主，正是詩篇十六篇作者的寫照，也是無數詩人，如詩篇八十四、四十二、四十三篇的真實經歷。

我只能走自己的路；在切實的走自己的路之前，我需要先聆聽自己的心聲。很多時候，我嘗試走別人走過的路，我也會刻意的為別人奔走，但只跟隨別人的榜樣，或只聽到世界呼喚你的聲音，而忘記了自己的路，最終就會失去自己。

往低處行

往低處行不單是行動，更是一種溫柔的態度。甚麼使我們溫柔呢？軟弱的人喚起我溫柔的心，他們教導我甚麼是痛苦、孤單與眼淚。

我不能對自己溫柔；我暴躁反擊的面對自己的生活，是我未學識向低處行的功夫吧。

往低處行是溫柔的承認，不自憐、不自貶、不自誇，也不故作謙卑。這是最難、卻又是最重要的一步。

沙漠教父[1]曾說：「禱告就是溫柔的種子。」他們所指的是一種怎樣的禱告呢？不是辭藻華麗，也不是大聲疾呼的禱告，而是心口如一的對話與聆聽。

太多人已選擇將決定告訴神，而不是讓神在心中作主。太多人已確定及掌握了一套「向高處行」的方法，而幾乎忘記了自己只是個不足的個體而已！

若禱告真能種植出溫柔，禱告者該發現自己是一個絕不溫柔的人。對一般人來說，溫柔的外表不難培養，溫柔的內涵卻難如登天。

往低處行，你當看見你倒下，你悲哀復憤怒的倒下。你也該看見同儕的跌下，他們愁苦而不甘的跌下。你這樣看時，你開始感悟人之為人的寂寞與淒涼了。

你能自然而然的溫柔嗎？你能自然而然的謙卑禱告嗎？

不能！能的是施恩的神。

施恩的神叫你自卑嗎？不！祂叫你禱告！在禱告中，你當注視生命之情源。這情撫平你的憤怒；這情體恤你的愁苦；這情卻絕不容許你自尋苦路，也不容許你自欺的說：「看！我多謙卑，我在受苦啊！」

我們的主在苦路上前進，祂心靈中有低處、有高處。我們的主在苦路上緘默，祂柔和的背著十字架，又柔和的仰望父神。祂好像在說：「父啊，祢知道，父啊，我情願。」

這樣的溫柔——你和我都未必盡明，卻都能藉默念與觀看這溫柔而心得安慰。今天我們要自植靈根，是以溫柔滋養我們的靈命，抑或以顯赫的功業呢？今天，我們是扮演不同的角色，抑或是自然而然的作神的兒女呢？

1　沙漠教父（Desert Fathers）：初期教會為抗衡文化，為與神相遇以至於聯合而竭力追求單純、禱告、安靜的一羣先驅。他們亦被稱為智者（wise man），留下來的語錄（*Apophthegmata [The Sayings of the Fathers]*）對屬靈操練有莫大的啟發。

我說我要成長；但我到底是個怎樣的人呢？我的成長從何說起呢？如果我根本不知我到底是誰，自植與成長就好像只是披上了虛謊蒼白的「新衣」，而常常掛在口邊的恩典，雖然它本來是真實，很快也會變得陳舊的。

以死亡及黑暗去定位的生命？

生命的意義是活出來的。雖然生命常常是「死亡邊緣的生命」，保羅仍說：「我是天天冒死。」

「總得活下去！」走過更坎坷艱險的路的人都活下來，我又有甚麼理由埋怨生命呢？有時，未被考驗過的人會錯覺的以為生命以進入坦途，腳下也站得穩固。待生命驟遇黑暗，便像受突襲似的頹然倒下了！

直到你肯垂詢神黑暗的意義，而不是憤怒地迴避它，更不是自憐自欺的將責任推到別人身上，你更看到自身的黑暗才是生命成長的障礙了，你便開始明白光明與黑暗原是一樣的深義。

你問這豈不是很消極嗎？當你這樣問的時候，你該知道你總要活下去，你要行自己的路，而你的心境及禱告可以轉化此消極為積極。

你問這豈不是很抽象嗎？當你這樣問時，你想著的是一些具體可行的方法，好像修理電腦的手冊嗎？抑或你是想要一些「靈丹妙藥」呢？唐君毅曾說：「人生之目的，不外由自己了解自己，而實現真實的自己。所以人首應使自己心靈光輝……其次便當有內心的寧靜……再進一層，便是由此確立自我之重要。」(《人生之體驗》，頁33。)

負責及誠實的去活自己的生命，是「成」人 (individuation)[1] 的必需。方法嗎？你總該記得馬丁．路德的提示——「信徒皆祭司。」其實，你絕對可以主動及直接的去叩神的門。無論是質問或傾訴，神都歡迎。約伯不是這樣與神對談嗎？哈巴谷還不是要上守望樓嗎？甚至你不發一言的來到主面前，也總比你向外撲去尋找各種方案好！對嗎？

時代的悲歌、生命的窒息，原因正是失去了這種自覺。「背起十架來跟從我！」這十架不是信條、教義、傳統、制度，而是你自己的本來面目。

不要以為藉黑暗使你看清自己的不足是那位嚴厲的神的把戲。應該想起祂在苦路、在十架，那時，祂的眼神對世人召喚：「將心給我。」祂充滿信心的說：「成了！」祂這樣做是叫你肯將死亡及黑暗擺在目前。

永不懷怨的神是一位流淚的神，祂渴望你放下各種虛假的安全及偶像，勇敢的擁抱「黑暗」，迎接光明。先死後生不再是掛在口頭的話，而是是必須活出來的。梅頓 (Thomas Merton) 曾說，更殘缺的生命也值得活下去，活下去是要活出意義，有神在其中的意義。

活出一個真正的生命，不是「識做人」，而不斷看清我早已被神識透，及我卻在祂眼中仍有無比的價值。那樣，無論我舉步或停止，我都是在神的懷抱中。

今天晚上提筆之際，我知道神此刻已愛我，不是過去、未來，而是此刻。

1　心理學大師容格(Carl Jung)用作說明人的成長歷程的用語。

死亡！我恨死亡、我哀哭死亡，我不能更積極的說：「死亡別狂傲」。死亡帶給我的痛苦、恐懼、傷心……真的遠遠超過我對永恒的盼望嗎？我只能說：我不明白死亡，縱然我經歷到它是何等真實。

死亡帶給我們對親人離去後的各種思念。但沒有死亡，我們能明白及體會這至深的創傷所帶來的分隔及痛苦麼？沒有分隔，我們能體會我是深深的愛著那已已離去的親人嗎？或者，我們會選擇不去經歷這些苦楚，但死亡並不是一個選擇，它是生命的本相，你只能接納或不接納它。

基督徒之死

Larry Crabb的*Inside Out*[1]的翻譯本面世，實在是個好消息。中文譯名是《裏外更新》，似乎失去了原書那種「由內而外」的味道。由內而外，重點是放在向內心深處的探求，有了內在的認識，才能投射出一幅更清晰的人生圖畫。

常言道，內在的心靈體認是成長的路。這幾年，藉默想的內心探求，我更深的感受到這是條「死」的路。然而，幽暗不明的路愈反應到我的焦慮及不安，愈叫我肯定內在感受的真實性。這種「死」叫我生，叫我明白我是個血肉的軀體，心中有著不同的情緒、意志及欲念。

基督徒的幻覺之一就是「屬靈強人」，背後是屬靈假象，將心底最深入的感受及實際情況抹掉。這種「生」叫我死。

讀過杜尼耶 (P. Tournies) 的人就明白那些外表柔弱的人也可能是野心勃勃、急於控制的人。他們的弱者風範不單欺騙了人，有時更幾乎欺騙了自己。「屬靈弱者」的武器不是顯赫善工及行為，而是內心深處的「攻擊性」(aggressiveness)，這種攻擊性使生命的真象更隱沒。

前者說：「我很好，感謝天父。」後者說：「我本來很好，但有太多不好的人，我很苦，但我也感謝天父。」二者都是屬靈的偽裝，結局是屬靈生命的休克。

看來，放下偽裝假冒去學習真誠是條生路，但可歎的是，基督徒連細思靜想一下自己是真或假的空間也沒有。於是，假亦真時真亦假。事實證明，濫用妄說「真」比假的破壞性還要大。

其實，真離不開深入認識內裏的感受及心情；真也是坦承感受及自認不足；真帶來謙卑及溫柔，真……但到底我們識得怎樣發掘生命的真相嗎？

由發掘、認出以至作出診斷，不單複雜，而且是行行重行行的路。難怪有人寧死也不願再行。不願行的人固然叫人惋惜，但只行外面的路而從不認識自己的人也同樣叫人握腕。

由內而外，因死得生，並不意味著無限的淒涼及空虛。重整生命的拼圖，可以是件樂事。只要你肯放棄「屬靈強人」及「屬靈弱者」的武器。

沒有武器的人就是沒有身分的人，沒有身分的人就是不重視外在的人。但一下子放下外在的卓越及成功卻是駭人的！然而，我仍要勸告你：「放下你的武器吧！」你將發現你的真正身分是在神裏面；你將體驗在此「死」路中沒有武器可以幫你；你將明白沒有外在身分的人，在他與她的內在，可能更有慈憐及謙卑，可能更得釋放。

---

1 Larry Crabb, *Inside Out*, IVP Press, 1988。中文譯本由天道出版社出版，譯筆相當不錯！

不接納死亡、抗拒死亡使你不能安息，因為你期望解釋和了解死亡，但只有一個人，他正直無偽的生活、他付出關懷與愛心、而他孤單世程的結局就是伸出雙手被釘在十字架上。這人經歷了死亡，並且從死亡復生。只有祂，能為傷心的世人詮釋死亡，並帶來醫治與真正的安息。

死亡凝聚了回憶，當你將你能回想的一點一滴都重新鋪排在你眼前；當這些回憶的心情愁緒、又或者是回憶中的歡愉被重新經歷時，它化成更恒久的懷念，將你內心的遺憾與痛苦慢慢轉化成感激與更深遠的懷想。

牧師之死

死死生生，生生死死。

我還清楚記得那天晚上的說話。我對管仲連說，我想寫本小說描繪一下牧師的心路歷程並命名為《劍客之死》。管兄回應說，何不直稱為《牧師之死》，我當時大稱：「妙！」

今天晚上舉筆之際，我非常清楚我對死仍未認識透徹，不得不承認我寫書意念之衝動中浮誇的成分。起初，我是以為對死已把握得相當、生活也受過考驗、心靈也常自省，誰知我仍是死的陌生朋友。若我在心靈中未曾細味過死，也未細想主的死路，我又如何談死與生呢？

於是，我得到一份突如其來的死亡禮物——父親的重病！

四年前，六四的打擊在心靈烙下了永不磨滅的印。今天，主允許家人的病苦成為心靈的重負，很重很重。

六四讓我看清極權統治的可怖，但也帶給我一份對民族悲劇命運的虧欠感。家人的痛苦與孤單在心中也刻下深痕，叫我看見在死亡權勢下我的無能與無助。

雨中仰望彩虹，當我以為我能選擇生命的那一刹，死亡卻忽然的逮住我。我只能說彩虹可望而不可即。

進出醫院的日子，我見到很多命運與我一樣的人，永遠拖著疲乏的身軀，逃避目光、對話，只自責地希望這些事能過去，又或者從沒有發生過。遭逢厄運的若非只我一人，我又憑甚麼說我能分享面對死亡之心路歷程呢？

和艾略特的《荒園》(Wasteland)——代表著一個痛苦的追尋——相比，《牧師之死》不單未夠深度，甚至是太高估了自己；和梅頓[1]寫作的心情相比，我就更感無地自容。在回覆教宗的邀請主講默觀生活的函件中，梅頓一開始便說：「這只是一個罪人寫給另一個罪人的信而已。」

或者泰澤的羅哲弟兄[2]的話多少代表了我的愧意：「我怎能告訴你我的生平及作為呢？……因為我們從來不是一個人去創造，總是神行在一切的事情之前、引路開路……」

因此我只能告訴你的就是：「我死了。」

1　梅頓可稱為近代最偉大的神祕主義者(mystic)之一，因為他對默觀生活有深刻的體驗。但梅頓同時也是一個和平主義者、一個作家，他的很多作品都有深遠的影響。

2　羅哲弟兄(Brother Rogers)是法國泰澤(Taize)靈修運動及共融祈禱的發起人。

死亡是如此的遙遠，又如此的接近，是如此的可怕，但又使人不得不想它、反而想了解它；但我們真的可以分析死亡嗎？其實、死亡常常是意外臨到的！那時我們才忽然明白活著多好的道理。或者，曾經歷大災難而仍然活著的人更能明白活著多好的真諦。德國集中營中的猶太人、大戰中保家衛國的戰士、搶救生命的醫護工作者……都是死亡的良師。

活著時有多少怨恨與不和，有多少過失與懊悔，在生命結束的那一剎卻有一種力量，要改變這一切。原來死亡化解一切的怨恨、死亡叫人徹底的覺悟，一個面對死亡仍無動於衷的人，我們還能稱他為一個人嗎？

你希望積極的面對死亡時，你要知道這學習所帶來的百感交雜是不會揮之則去的；它只會另你更憂慮、更不願捨棄你曾擁有的、也使你放不下你的至愛和這世間的一切。這些感受會隨著死亡逐漸變得真實而變得更激烈，因此，你必需從現在就開始學好珍惜而不是佔有。然後你明白到珍惜過已是足夠。

拾步

靈程拾步

當我自省，我明白到神必定是超乎人所能理解的。
因為我在省察中並不能盡明自己。

伯爾納[1]

所有的師傅都明白內心世界複雜異常，他們都體會自己靈程的更深內在。他們卻都永不放棄：默然地靜坐，視境於心。他們都效法最大的師傅——耶穌，祂頑固的等候神，祂矢志的拾步於苦路。祂乃是最了解自己靈程的一個人。

此刻，我既已決定必須奮鬥，我想將想到的靈程十步與讀者們分享。

一、前進就是停止：跟隨神的人已擁有一切，我的最高與惟一的愛慕就是神。因此，在靈程中，無論是前進或停止，我必須記得起步點就在當下。停止，完結，豈不就是再開步的時候嗎？

二、前進就是失去立足點：與神的相遇就是在各種困境中仍不斷追尋，在心中與神重遇，在回想中得著鼓舞。但必須記得，追尋與重遇都不是有跡可尋，而是在苦苦的等候中，堅持生命並不絕源。

三、前進就是心路的開發：我必須承認經驗與感情在信仰中的不可或缺。心路的開發就是承認我是一個有過去、有不同背景與經歷的人。我必須靠著神的恩典在心中發現自己。一方面，我確認內心世界在不知不覺中影響生命成長的前提，但我仍效法那位孤單卻又勝利的基督。

四、前進就是徹悟：自我發現有積極的一面，但在心路自尋及整理中，我不得不體認我只是個犯罪及被赦罪者。我的傷痕、痛苦和我的自藏都必須被認出。我的感受必須得以抒發。我要承認我仍有恨與怒；我的辯白與自大都也必定要被解培。我解開我的心，我對心說話，我走上了悟的旅程。徹悟就是不斷的覺、不斷的悟，直至大徹大悟。

五、前進就是接受神的醫治：接受，從始到終我都是接受，有甚麼不是接受的呢？沒有！我接受時，我前進了。雖然別人未必同意，但我肯敞開心靈，接受神的安慰與醫治時，我是真真正正的自植了。記著，沒有任何人能代替你去接受的。接受吧，神以永遠的愛愛你。我也提醒自己神既無條件接納了我，我就不自貶我生命中尊貴的成分。

靈程的前進或倒退也好，其實是你和神的真情相交。這不是任何外在的權威，也不是甚麼「偉大」的系列，更不是這本書能取代的。

我從來都不是你的老師，因為老師只有一個。我能作你的朋友便很好了，對嗎？

我又看見神喜悅作我們的父親、我們的母親、我們的丈夫。

茱莉安[2]

靈程十步不是甚麼絕招妙法，它只是一個深深的禱告。在孤寂又深雋的禱告歷程中，人化成了一個禱告。我是禱告，神要的就是我。我繼續拾級而上。

六、前進就是戳破個人心中的迷夢：夢醒了，我發覺我最愛的仍是自己。我驚訝我仍執著我的成就、我的失敗、我的理想。我必須戳破個人主義(individualism)，剷除任性及即興的自設行程，這才是成人(individuation)的真正開始。這是非常艱難及詭祕的一步，因為人始終以為自己是盡心盡意的獻呈，忘了分辨也不清楚到底獻上的是一己的癡心夢想，抑或是獻上真正的自己。

七、前進就是自我意識的深入及擴大：開發心路，好比開發荒園。開懇雜亂、自欺及自壓的心田，需要的是一個廣闊如天、深如深海的心靈空間。自我意識的擴大及深入是生命的療程；心中的恐懼、痛苦和雜亂的情緒都重新排列在你眼前。我將明白我何以苦、何以憂，我不再因莫名的情緒及感受的衝擊而隨便反擊了。我將漸漸明白及體會，自我意識就是生存的重要祕訣。

八、前進就是意義架構的重整：以往，以為只有一條路，一條路的由今天行到那天。直至發現心靈的廣闊天地，才發覺現有的意義及價值，並不能完全解釋及說明心中的複雜感受。我將體驗不同意義，我將反覆思量及重整這些意義，而在最後，所有意義仍將歸於一個意義，所有道路都必須朝向惟一的道路。

九、前進就是負責任的自決：勇敢的人就是願意承擔昨日、今日、明日的人。不負責任的生命濫説瞎説感受創痛、誇大自己、強化自己。我選擇勇敢面對生命的破碎，正視悲苦人生，在張力下保持一個積極進取的心，不隨便歸咎於人。

十、前進就是異象的肯定及實行：異象並不完全等同功業。異象就是參與基督的生命歷程。在禱告中，我們將經歷三位一體的神是實實在在的！因此，異象就是看見赦免的父、憐憫的母、矢誓的丈夫而心滿意足。異象也是生命的再出發，徹底的、不妥協於俗世狂潮，效法基督的人格、實踐基督的使命。

去年回來的時候，得到友人的鼓勵，我踏出了生命的新一步——以文字説心聲。我記得曾對她説，我心中有無數的話要説。一年已過，除了伴我上路的讀者及鼓勵我的摯友外，我仍有很多未説的話。

我願繼續學習以溫柔及愛心去説話，我也願意學習多去珍惜神的同在。

---

1 伯爾納（Bernard of Clairvaux, 1090-1153）這位被後人公認為雅歌的最出色的詮釋者之一的神學家，也是一位靈修師傅及熙督會（Cistercian）的創辦人，他的一生都表達出對神的渴慕及深情。

2 茱莉安（Julian of Norwich, 約1342-約1413）是十四世紀英國的隱修士，在其名著《神聖之愛的啟示》（*Revelations of Divine Lore*）中，她對神之愛，特別是神「母性」的默觀之禱告的描寫，及心路歷程的掙扎及反省，有極具影響性的分享。

第一步

曾經在多霧的日子乘船渡海。船啟航後不久便減低速度——很慢很慢的前進，直至完全停止。

屬靈生命的進程原來也是這樣的。滿懷大志的上路，一開始便加速，跌倒了也不怕，一而再的加速，漸漸不得不迂迴地前進，最後，終於明白前進就是停止，甚至後退。

經歷這種獨特的前進方法並不好受，時驚時憂時怒。就像在明媚的春天觀賞一片朗朗的清空，有如是山水畫中人，忽然烏雲密佈，狂風咆哮，先是雨，後是霜。

如果真有一張靈程地圖，是否就像本仁．約翰 (John Bunyan) 的《天路歷程》(*Pilgrim's Progress*) 一般呢？在滿佈陷阱的歷程中，不斷體會神的拯救，不斷肯定恩典的實在。或者，是要提醒我們不至於羅蔓蒂克地以為自己就是屢戰屢勝的天路客，魯益師 (C. S. Lewis)[1] 寫了《靈程回歸》(*The Pilgrim's Regress*)。

在自序中，魯益師告訴我們靈程是一極深的渴慕，而這極深的追求與渴慕並不會得到完完全全的滿足。雖然堅持行正路 (main road)，但向南或向北依舊是兩股將人撕裂的勢力，使人偏離正路。

然而，所有的旅客都要再起行。生命本身就是一個又一個的旅程，包括前進或後退的旅程。你也許到過山巔，也許捨不得離開平原，又或者你已滑落谷底，你總得再開始，你若坦承你心中的渴慕，就得起程。

有時，你賈其餘勇，終於攀上了山巔，你不要以為那是終點，可以「享受」多一會。有時，你沮喪絕望，終於陷入萬劫不復之地，心中自忖踏上了不歸路，豈料那個也不是終點。

再次啟航——真正的起步點就在當下，一念及心中的渴慕，便柔情的前往。溫柔一點吧，忠心的旅人，你總要停下來的，但也得再開始。可以再開始總是好的。

最近，反覆地聽《黃河》與《梁祝》。《黃河》好比激昂奮鬥的歷程，《梁祝》則像低沉幽訴的歷境。一聽再聽，終於發覺《黃河》與《梁祝》原來是重疊交錯 (interwoven) [2]的。

明白此人生之本來節奏，就學會了歷程的第一步。霧是必定會散的。

---

1 讀者若有興趣了解魯益師的靈程必須讀他的名著*A Grief Observed*。

2 人生就是進與退的不斷重疊。(Progress and regress are interweavening.)

有人說：平安是歸回時尋找到的。但平安好像不是內在於我，更不是深藏於我的心似的。平安真的是那樣難以捕捉的嗎？其實，平安並不遙遠，有時它只在咫尺、甚至在轉念或轉眼之間。不過我們畢竟太缺少操練聆聽神說：「我已將平安賜給你。」

再次啟航

生命是艱難的！(Life is difficult.) 著名的心理學家栢格 (Scott Peck)[1]在他的名著*The Road Less Travelled*中一開首就點出生命的真相。生活的牢獄、心靈的戰場使人失去一切的立足點，被逼走上一條不斷追尋卻苦無結果之路。生活已再無資源能力。

「絕源」(unplugged)[2]——相信是很多中年人的感受，但也是青少年人開始體驗到的一種割裂。*Unplugged*原是搖擺民歌歌王格力頓 (Eric Clapton) 今屆格林美大獎得獎歌曲。它所引起的共鳴，正好說明了失去動力的生活是很多人的寫照。

如果「神是個靈」是說明了神的恩典與能力，為甚麼我們不能像保羅勇毅地說「活著就是基督」呢？為甚麼今天我們仍苦尋各類的答案，而沒有讓神在生命中結出果子來呢？近年來靈命操練 (spiritual exercise) 及靈程學 (spirituality) 廣受注目，正是一種心靈出路的渴求。

對於不少人來說，這是一條新路，但更正確的說法應該是一條久已被人忘懷及荒廢之路。靈性的修養早已被外在的功業所取代。靈根自植的提示，就是先回到生命更新及人格建立的課題上。

生命雖然艱難，我們手上要完成的工作也很多，但現在必須選擇那條較少人走、也不熟悉的路。清心的等候及追尋是神要提升及與人相遇的最重要的因素之一。對於聖文德(Bonaventure)[3]來說，這就是人願意舉心向上(ascent of the heart)，被神帶往祂的路上去，使人能真真正正的體會到，甚麼是盡心盡性及盡意去愛神。

無疑，靈根自植是禱告的經歷，也是與神重遇的過程。在過往的人生中，你和我都可能錯過了很多和神談心的機會。雖然走了很遠的路，但也必須折回。

神學畢業時我曾以尼希米自勵，我帶了「寶劍」上路。數年之後，我才知帶錯了劍、走錯了路。更苦的是我發覺到那真正的劍已是銹跡斑斑。因此，我不能就此上路。我對自己說，必須磨劍、必須磨心。

雖然那是一個新的開始，就如旅人在異鄉路上的尋覓一般，但我已接上了生命之源，心靈乃不斷的開發，心地一片澄明。

---

1 著名心理學家，基督徒：*The Road Less Travelled: a New Psychology of Love, Traditional Values, and Spiritual Growth* 連續五年登上最佳銷售榜，已譯成中文，名為《心靈地圖》。以上「生命是艱難的」這句說話，栢格在其原著中引伸說明如下：

"This is a great truth, one of the greatest truth. It is a great truth because once we truly see this truth, we transcend it."(p. 13)

2 Unplugged意即自然、古典、「唔過電」，以比喻其單純及原始的根源。

3 十四世紀方濟會靈修大師，名著包括*The Soul's Journey into God*(《進入上帝之旅》)等。

你問過不少問題，便你可能很還沒有機會忖心自問：「我以甚麼為我的平安」，又或者，「究竟是甚麼使我不安」。若你以更多的擁有和更大的控制來衡量平安，你可能失去在晴朗的藍天下、一個微笑、一聲呼喚、一個擁抱、一個友善的眼神所帶來的安息。

第三步——說心境

境在外、境在內、內外如一。

耶穌見到如羊走迷的人，耶穌哭了。

當耶穌看到人如走迷的羊，祂不是單單看見一件事，祂看見的是人生經歷的各境界；祂也不是單單看見一個人。祂注目的乃是人底心靈的各種狀態，因此祂由衷地發出悲歎。

看到外在的境易，看到內心世界較難。看到內心世界易，注目於己心而了然於胸的較難。看到並洞悉內心的活動，進而認識自己的真相易；接納自己的真相並化作默觀的祈禱，溫柔的舉心向上最難。

心境的確非常複雜，因為你不單有心理，你更有心情。你被理困，你被情擾。

這樣看來，開發心路，視境於心不是使人更煩惱嗎？但是你應該明白，你不看你的心時，心境依然存在。只是這心境藏於你的心底吧了。但你可知你隱藏的心境無時無刻的反映於你的生活中嗎？表面上，我們每日仍理智地生活著，但心底裏，心情和理性的糾纏卻愈來愈厲害，各種情緒的壓抑不期然的在生活中反彈出來，益增生活的矛盾及自責。

過去，我一直學習無私的去用情，卻發覺仍有很多不足。這種不能愛、不敢愛的心情及心理使我痛苦。

「愛裏沒有懼怕」，到底我懼怕甚麼？我懼怕的乃是不被接納及不被諒解。

說真的，我們都期望有一「完美的形象」，但又懼怕這形象的破裂帶來的自我質詢及痛苦。事實上，真心去反省及自我檢視的信徒不是沒有，但能條理分明，不過分自責，不陷入過度內省 (introspection) 的人實在太少。有時，我也會為到理性及情緒的爭戰而陷於自憐的光景中。

靈根自植，就是為自己在心靈中開拓一更寬闊的空間，為自己留餘地，提醒自己若不接納現況，若不把複雜的心境化成與神的對話，我們只會落入更大的混亂中。

要突破，就得勇敢的去觀察心境。觀察、承認、禱告，但不要無休止的想起你的創傷與懼怕，無休止的想起自己或別人的不好，並緊記心靈中最徹底的改變是由神而來的，不是苦思自怨而得。

回首，心境最紊亂之時當是牧會後兩三年、忙得亂七八糟的那一段日子。那時，我一心要「救世」，忘記了神要的是我而不是那些事工。耶穌哭了，祂是為著人不認識自己、不曉得將心交給祂而哭，祂也為我而哭，因此，我知道我可以將心交給那位無時無刻都在等待我的神。

安息不是一個地方、安息也不是一個人；你說你找到了那地方就能安息，你又說你找到了那人就能安息。但是，安息不在乎甚麼地方與人物。安息是心境；所謂心之所安是超越時間及空間的。

有些人說，我的人生必須有目的、有意義、有些人說我不追求立功立言、名利財勢，我不在乎擁有，我只想平淡的過生活，其實二者都是尋求一種安定。前者要知道人生的意義是常常會被衝擊的，而後者要小心生命流於自足而不思進取。

第四步——說心之領悟

靈根自植的目標，是要成為一個更真正的人並真正的認識神，這目標和心的領悟有非常密切的關係。當教會對真正的人及真認識神的詮釋，仍然是一成不變地將一套成長規律加諸信徒身上而不讓他自植時，談心之領悟便更重要了。

且看現況，所有成長的規律都是引導一個人由悔改信主、參與教會、受造就，然後就去重複這一規律。靈根自植與這些規律的不同點起碼有三：

一、悔改不單是一點，也是一個過程。因著成長背景及性格的不同，這過程也因人而異。一些基礎的真理教導固然不可缺少，但每個人都必須行自己的路。

二、在這過程中，心靈之感應由一「驚詫」的覺悟開始，其實需要不斷消化、融合、轉化。信仰的適切性及個人化既是必然的成長歷程，我們就沒有理由去將這過程一律化。

三、心之領悟是真正的造就，是信徒本身的一手經歷，不是灌輸一套一套的資料，更不是外在的表演，而是人必須以誠實及單純的心靈來接受神的引導。

你將一個系統給予自己或他人時，你使他轉向外在的方法而忽略了心的領悟了。外在的方法叫你依循，缺乏真正的覺與悟。外在的方法使你安全，使你感到舒服，使你不需經歷因徹悟而產生的心靈痛楚。

然而，所有成長都是痛苦的，但不斷的體驗自己的不足，以至於覺悟卻叫人氣餒。於是你不得已的去尋求解藥及麻醉了。

其實，你希望變好的心願沒有錯。不斷的回到神面前重新立志也是必須的。你的錯(或是我的)就是以為覺悟是一套又一套的方法；你為自己設置了很多標準——那些來自你背景及教會的標準。

我們的主對悔改徹悟的標準竟是一條條的規律嗎？不是你說「開恩可憐我這個罪人」就可以嗎？為甚麼你不讓自己及他人自植呢？你竟將大麻石拴在自己及別人身上而一起跌倒了！

親愛的，基督的生命給我們最大的釋放，就是祂容許我們以真心相對。基督也從來不是愛你外在的形象——「滿有恩賜、果子」的，祂愛你乃是當你還作罪人的時候。

我們需要的規律就是心靈的律。當人人都直接從心中體悟、轉化、自覺地與神相交禱告，這種力量比任何外在的宗教儀式都強得多。基督已釋放了你，你是自主的，不是為奴的。

你為生活的困難而不得安息嗎？你為理想未能達到而不得安息嗎？你不得安息是因為自己的過犯或與人不和？你因被傷害孤立無援而不得安息？在人生的成長階段中，讓我們明白：各種不安可以推動我們去尋找真正的安頓與歸屬。

第五步——說得醫治

屬靈操練就是醒過來。醒後，你看見周圍仍是一團糟，卻能說：一切都是美好。

安・狄馬路[1]

當我接受靈程可以停止、倒退，而又在其中看見靈程原來有一更深的境界，我開始從往昔的驕傲中醒悟。這時，我才更親密地體驗上主的醫治。

怎樣定義醫治呢？你說由瞎子得看見，到整個宇宙的復新都是醫治。不錯，祂醫治千萬人，也醫治大地。但對我來說，醫治就是心靈的割禮。

心靈的割禮是神的恩典，這恩典使我們看見最真實的自己。心靈被剖開時就像在極深的睡眠中被喚醒。你痛苦，你的黑暗顯得比以往更清晰。你遂省悟昔日獻的心、受的苦，只不過是靈程初步的境遇而已。

很多人曾引用盧雲的話——「負傷的治療者」(wounded healer)。我也曾自以為是負傷者。在事奉過程中的沮喪如事工計劃不被接納，與平信徒或同工的不協調，我都一度以為很苦很痛。直到有一天，神對我說：「你為甚麼還是緊緊的握著自己的苦澀，不肯放手，為甚麼還是虛幻地期待別人的回饋作為『良藥』呢？」

當頭棒喝的一問，使我沉痛、也使我醒悟。原來我仍是愛憐自己多於一切。雖說愛神愛人，但豈能說無些微自求喜悅的心情呢？當這種了解在心中醞釀，我會為自己辯解。直到那一刻，我被帶回各各他，與那位真正負傷的治療者相遇，我的心靈像被撕裂一般的痛。相對而言，我所受的苦楚不單顯得微不足道，而對所謂一己的苦痛的誇大，叫我有說不出的羞愧。

說醫治，我看離不開這些了解及這種相遇。或者你會說神的醫治使我痛楚，這不是太負面嗎？不是的，是成長使你痛苦。神的醫治只是適時的將你生命的謎語及疑團解開，給你一睹自己的真相而已。祂只是喚醒你而已！

當然神同樣會在如崇拜之慶典，或各種使人愉悅的場合中使人更認識及感受祂，並且得著心靈的滋潤。然而，我仍不得不說醫治是不適然的，你同意嗎？你可以坦承自己不喜歡醫治所帶來的不悅嗎？抑或你仍是希冀「醫治的美好果效」，使你的外在形象好看一點呢？

心靈的割禮既是恩典，就是在獨處及安靜中去接受的，這完全不是一種甚麼技巧，而是一種了解式醒悟。有了這種了解，你就去神面前得醫治吧。我呢，我只能向你提出這一點，而完全不能幫你更接近醫治。

1　安．狄馬路(Anthony de Mello)，現代靈修的大師之一，擅長以智慧小品來提示生命的真理，作品中多有東方的色彩，其名著有*The Song of the Bird*及*The Prayer of the Frog*等。

在呼求時我得安息了、在敬拜時我得安息了、因為當你投入你的全心全人去禱告與讚美安息之主時，你發覺你不單體會到寧靜致遠的真實，你更會發覺在此刻——NOW——就可以得安息。那時你該明白，這不是你的努力，而是安息之主賜給你的安息。

你說你已盡了全力去使自己寧靜，你說你努力要得到平安；或者安息不是在全速進程中的體驗，反而是在慢速中學習放下在放下、放下你擔子、放下你的罪疚、放下你的目標、放下你對自己及他人的過份要求。那時、安息忽然臨到。

第六步——說心靈的光輝

跌下，心裏迷糊一片。醒來，心中忽現一線光明。成為一個真正的人，我學習把握及注目這光明。這光明是心靈的光輝，恆久而真實。

當我重視這光輝多於成敗與毀譽，我相信我是更接近成人與成己了。我說接近，因為每一次這心靈的光輝顯現，我不單看到我自己的黑暗，我也看到很多使我痛苦的人與事。這痛苦不單是犯罪所帶來的內疚，更是看見自己寧願選擇黑暗、滿足於迷夢 (illusion)，而不肯接受心靈的光照。

不同的人有不同的迷夢，但總的是要人心中有他／她。獨裁者的威嚇、情人的欲望、教授的知識、傳道者的魅力都是使人心中有他／她。在迷夢中，「成功」若不能與人「共享」，「理想」若不能與人「共勉」，就會轉過來籠牢那追求「成功」與「理想」的自己，使人的自我過度膨脹，或者壓抑。

想最可怕的迷夢是自以為獻上真心真意，自以為是為主為人，卻原來是希望更多人心中有他／她。這就是迷夢的詭祕性。

人人心中都希望更多人給予愛護及關懷，這本身不錯，錯的是我們用了自我表現或自憐的方式。當我的視線由我的不足轉向我的擴大、我的擁有，我期望別人怎樣對我好，我開始倒退，我與醫治及心靈的光輝愈遠了。

其實，你若著眼一己的貧乏而不過度自責，你才有前進的餘地。承認貧乏、不單是謙卑，更是看到人絕無把握可以自設行程。不過度自責，就是人的身分及價值的肯定。

誠然，我的生命中確有很多美妙鏡頭，構成雋永動人的記憶。但在我的禱告中，我仍然清晰地看到跌下與醒來之間的張力。

靈根自植就是在孤寂的禱告旅程中了解到自己的貧乏。這了解使你心地光明、頓然醒悟。這就是永恆的意義了。神學家可以洋洋大觀地寫「永恆」，但比不上你自己在心中所看見的一線光輝。

在你自植之路上，你應懇求及等候這光輝。以心靈及寂靜的禱告 (Hesychasm) 為生活的沙漠教父在這方面有很多的啟迪，但他們從來沒有將心禱的方法寫下來。然而，誰人能說他們不明「虛心的人有福了」這句話呢？

讀者們，你若未開始你的祈禱旅程，進入內心，我想你對心境、心的領悟以至於心靈的光輝的體驗也是有限的。

心靈像幅流動的圖畫；它的變化，甚至有時自己也不會覺察。唯有你安靜下來好好看它，你會看到心靈的圖樣與顏色——美麗的、醜陋的、金光燦爛的、灰黑幽暗的。心靈是這樣真實，使人歡愉、使人沮喪、但我們必需好好看待它。

心靈有思想、有理由、有感受與情緒；心靈有意志、有回憶與懷勉。我們的思想很多，但未必都明白思想中的理由，我們的感受也很多，但能夠意識到接觸到自己的感覺的時間也很少。不過，我相信很多人都是喜歡想或習慣了去想、喜歡分析多於去感受的。

第七步——說意識與意境

意識就是心靈的容量，容量愈大，眼界愈闊。

著名的歷史哲學家維高年 (Eric Voegelin) 在他四大冊的名著《歷史的次序》(*Order of History*) 中所要討論的其中一個課題，就是意識方面的理論 (Theory of Consciousness)。他將課題理論應用到民族、歷史及文化的發展上，有很獨到的見解。

維高年的意識理論其中一個看法，就是人類的進步及成長，與其是否意識及醒覺到現實的處境有密切的關係。因此，意識不單是一觀念，更是在實況中的體會。他以拉力漩渦 (metaxy)[1] 來說明人類的意識在擴張或萎縮的處境中的掙扎。而歷史的次序就是在各種拉力及不明的景況中，意識到一更超越的實在 (transcendent reality)，又或在各種拉力中意識的萎縮。前者是進步及開放的，後者卻逐漸僵化；前者在漩渦張力中運用文化資源創造新的符號及意義，後者則墨守成規。

中國人很少談意識，卻有意境之說，唐代王昌齡便曾說詩有三境，即物境、情境、意境。意境即內心意識的境界，故為最高。中國詩詞中意境多而深入的為數不少。對於詩人來說，這是一種靈感及契合，是積極及抒發的。所以境不單是外在的，而是有氣韻的心靈活動。

一幅《清明上河圖》、一幅山水、一首詩或詞，都是意境，使人意識擴大，就像在心靈突然開拓一空間似的，極具震撼及爆炸力。毫無疑問，中國詩詞的境界是開放的，邀請你參與或進入的，讀柳宗元的《江雪》，不單讀到也看到及感受到那麼千山萬徑中的孤舟簑笠翁，整個心靈的視野及思維都自然地開啟。

靈命的成長若停止於尋求醫治，在意識及意境的體會上必難有更大的突破。有沒有想過你的意識不單可以增加你對自己的認識，更能使你飛躍人類的歷史，與不同的人有感通，這是何等奇妙的事呢？

祈禱可以是意識及意境的融和。在禱告中，心靈的神開啟的時候，生命也拓展出一新的空間。要知道，這看見若出於單純及信心的聆聽及等候，就是意識的擴大了。無疑，這也是一種境界。

最近買了一幅有雪山、草原及小屋的拼圖。很美，但也很費時，第一次發覺有這麼多不同的綠和不同的白；但找到適合的那一塊時卻又是多麼喜悅。生命就是意識的擴大，看到生命的深度及意境，這樣地去欣賞及發掘生命，可以每天都有新發現。

學習屬靈操練的人啊，我想你在學習放鬆的習作、呼吸及其他程序時，不妨也買幅拼圖。

1 Metaxy：有張力，特別是被兩股力量推拉之意(pull between two poles)。

聖經的詩人說我的心我的靈時，他是指到心中的深處；信仰就是由這心中的深處發動的，也是由此深處延續的；甚麼時候你忘記了這真理，你就會讓心靈漂浮；被生活的人事、聲音引導你，而忽略了心靈不單向我們說話，也有深度；並且這深度也是非常豐富的。

第八步——說意義

六個人對坐著。在此憩靜的環境、悠和的鋼琴聲中，說著各自的心聲與感想。似乎是家常的話，實質上有深遠的意義。發言者雖未必意識到言為心聲之理，但事實就是人人心中都有一機關——此機關涵括了其對人生之看法。

今天晚上，我們共此燈燭光，心靈是開放的、交流的。沒有人讀他的論文，也沒有人要解釋甚麼。就這樣，心靈開放與凝聚。

真正的心理治療者都謙卑的承認，他們的工作只是澄清受助者話中的意義，協助他理清自己的意義架構 (frame of meaning)，使他明白心靈如何的開發與凝聚。在人生的不同階段，對意義自然有不同的體會及詮釋。在靈程路上，亦賦予人生不同的意義。日常生活中你和我都沒有刻意地扮演心理治療者，但在談話中總能找到共鳴共感的意義。

所以說意義這回事既複雜又簡單。長篇大論的談信仰與人生是意義，一個眼神的交換、一隻扶持的手也是意義。因此，意義可以是洋洋大觀的信念架構 (beliefs system)，一條又一條的原則，但又可以是心有靈犀。

至於信仰對你和我的意義，其實一直在變。以往以為只有一條路，現在卻發覺有很多小徑。以往在心靈中自構的美麗圖畫一下子被「歧路、歪路」破壞了，快樂地前進的心情也一掃而空。

這時，你不應惱怒煩躁。這是你重整意義架構和溝通心靈世界的時候。但應該怎樣開始呢？是否在你的信念中再加多一條，然後重新排列？

我相信意義架構重整的首步，就是醒悟到你自己有解釋生命的主權。生命由自己來詮釋。而意義架構呢？它從來也不是一個一成不變的系統。你絕對可以賦予新意義或改變原有的意義，就像電腦運作中的delete（消除）及addition（增加）。

其次，你要承認這是心靈的開發與凝聚的過程。耶穌基督不變，但內在的心景、外在的處境都不斷在變，你的心靈就像彈性開放的空間，能容納、凝聚及歸納。經歷此過程的人將發現生命的另一重意義了。

最後，你仍當帶著你的醒悟、你的解釋去到神的面前。告訴祂你要清心的求智慧，而不是貪求新鮮或標奇立異。你這樣做時就會發覺所有意義仍歸於一的真理了。

最近，讀到王丹在獄中的讀書大計，看到那填得滿滿的時間表，不禁佩服非常。就如弗蘭克爾（Victor Frankl）在牢獄中找到自由的真正意義，他比監禁他的人更自由。這教我再次體會了意義與自植的關係。

有些人的心靈較能思考、有些人的心靈較易受感、有些人喜歡直觀、有些人喜歡沉思；於是我們有科學家、哲學家、文學家、藝術家……但人類的不幸是我們長期都將自己放在別人的對立面，心靈沒有互感，也失去共通。

第九步——説意志

曾經看過一套描述海倫．凱勒 (Helen Keller) 由掙扎至於成長的電影。黑白的鏡頭下我們看到這位日後成為偉大的教育家的人，竟是一個聽覺、視覺及口齒不靈的女孩。

永遠記得那一幕。當老師帶著海倫去到水龍頭邊，海倫伸手去感覺水的當兒，忽然説出"W-A-T-E-R"這個字。那是使人悸動的一剎。

對每天枯燥的學習，海倫曾以反擊 (react) 來回應；擲物，自囚，甚至與老師扭打一團。但她終於體會到反擊的無效而選擇自負責任的回應 (response) 。

事事都反擊的人，意志是一種衝動。他們努力的方向只是一個理想的方案，一個他們可以恆久依附，將他們的情緒撫平而又「慳水慳力」的方案。一旦開放，他們便失去安全，甚至山崩潰。

當特定的目的及行為趨向受到衝擊，人都很容易將責任推到別人身上，或埋怨周遭的環境及制度等。

畢竟，意志不是一個方案，更不是一蹴可成的方法。因此，説意志便必先要接納一己的實況。這裏，我們牽涉到的重要課題是當下之自省 (self-awareness) 與溫柔 (gentility) 。

一個只求外在爆炸力及衝刺的意志力，它失去的比得到的只會更多。有深度的意志力必定從心中出發，充分的了解用力的目標及方向。當他的力受阻時，他也能溫柔的返回自己的中心。就像船遇到風浪而機件失靈時，它讓風與浪載著它，只擺動舵以校正方向。棄船嗎？不！只有傻子才會棄船。

耶穌上十字架時是志在必行的，並不是出於一時之情緒，而是心靈的渴慕、自決與委身。耶穌當然知道自己為何作這事。對於祂來說，意志就是愛情，就是在心中父神對祂的託付及自己的回應。難怪靈修的師傅們都將愛情與意志二合為一，並以忠貞 (charity) 來涵括之。

甚麼使潘霍華在第二次世界大戰時選擇回到德國，而放棄在美國的教席及聲望呢？甚麼使馬丁．路德．金放棄在北方的美好前途，而返回種族歧視非常熾烈的南方呢？你以為他們的意志都源於一具體方案嗎？不是的！那實在是愛情、自省及人格所培養出來的產品。

你是選擇繼續依靠他人事事反擊，抑或培養你的忠貞，作負責任的回應？這當中的分別真是太大了！

海倫・凱勒的眼睛看不見、芬妮・哥士比也是瞎眼的，但她們都是出色的教育家；前者用文字、後者用音樂。我相信這是因為他們都深信心靈的教育；她們也用心靈的眼睛來看自己、看世界與上帝。

第十步——説異象

電視台又重播《暴雨驕陽》(*Dead Poets Society*)。每一次看都有不同感受。電影以莊嚴的開學禮開始，音樂一響，鏡頭立刻轉向學生手持的旗幟。第一面旗上清楚的寫著：傳統 (tradition)。

作為現代人，我們支持或反對傳統也好，我們總是在建立新的傳統。事實上，我們多是徘徊於建立及放棄之間。真正完全反傳統的人其實不察覺傳統在影響塑造著他，他也永遠不能脱離傳統。

電影中的基廷老師似乎是反傳統，但實際上他只是要引導學生以不同的角度去看事物。無論是叫學生將僵化的文學理論撕掉、站在枱上，又或是隨意的各自踱步，他都要學生們領會到自己可以自由地選擇程途。

電影完結時，老師被逼離開；本來最柔弱的托特忽地站上枱面那一幕固然很富戲劇性，但最入心的那一場戲，卻是老師鼓勵托特學野蠻人的吼聲，掩著他的雙眼引導他誦出內心的詩篇。

九歲的兒子出奇地看完整套電影而沒有喊悶。我惋惜片中另一主角的死亡，卻為到一個自立自植的形象的誕生而得到鼓舞。

人人都有內心的詩篇，人人都可以吼叫。這欲望的本能是不可以長期被壓抑的。

你必須上承傳統，在其中找到同樣的感喟與忖思。這是生命深處的對談。你讀聖經嗎？要記得你是在讀傳統；要知道那是希伯來民族的智慧、是神的啟示。但是，我們和應共鳴詩人、先知、君王、門徒說的話時，也該思想到我們每一個人也有自己的心聲啊！

所以，你不要到圖書館去翻一本又一本現代人對聖經的詮釋，你甚至不需要聽太多專家的學說。你需要的是參與詩人們的航程。然而你甚至不需要進入他們的航程，只要記得在整個基督教傳統中那個十字架的標記就足夠了。為甚麼？因為這十字架的救贖是為你。而這個獨特的你亦有個別的心聲與異象。

試想彼得背著甚麼行在湖面上？保羅又背著甚麼披荊斬棘以傳道？是傳統中的優秀、完美、操練嗎？不錯，但他們更是背著自己的十字架。這十字架好比他們內心的詩篇與吼叫，當心中的渴望與十字架相遇，他們得著釋放。

從前，有一隻幼獅被放到羊羣中，牠長大時一直都以為自己是隻羊。牠徒有獅子的外表，有時，牠也會狐假虎威一番，但自知沒有深度。直至有一天，牠遇到另一隻獅子，牠被帶往河邊去看自己的本來面目，牠乃發出有生以來、最原始卻又最真實的吼叫。

你的異象不是外在的大計，而是清清楚楚的告訴自己：我是一隻獅子。是我在選擇，是我與基督相遇。這才是生命中最大的異象。

留戀、依戀、遺憾、懺悔……這都是心靈經歷失敗、苦難及死亡時的百般滋味。我們希望一切都沒有發生過，又或者一切都停留、不改變；我們渴望人生是永恆的美好。有些人與事我們想他／她留下、有些人與事我們希望從未遇見他／她過。然而，經歷過生命的挫折的人才真正懂得甚麼是美好。

漫漫長夜時，我會撫心自忖我的過犯，我問自己為甚麼仍會失敗。有時我又會仰望星空，並放一張小提琴的CD；很古老的CD，小提琴的憂怨好像訴説著我對生命的哀慟、人間的悲情。我不會效古人的舉杯邀明月；我感激生命還有同心同行的心靈共鳴者，他／她們在長夜或晴空時，都會聆聽我的心聲。

朋友、弟兄、僕人

飛馳吧，朋友！

溜冰場上的人在飛馳、幻舞彩虹。

陽光穿過落地的大玻璃窗射進來，照在每個人的臉龐上。初秋和煦的陽光，伴著輕快的音樂，在旋轉，使人感染到跳躍的拍子。他們都快樂的笑了。

音樂和陽光和應著每個人的心靈節拍；我這個旁觀者看得投入，周圍的人也不自覺的笑了，笑得燦爛而自然。

生命本來就該如此飛馳的，不是嗎？

場中央的兩個小孩，小小年紀便學會了各種舞姿，她們的母親也毫不遜色的在旁邊溜著、對望著、對笑著。

那邊，一羣年青人在自創各種滑行新姿；跌倒時，一點也不害怕。另一邊，一對溜冰的伴侶在勤奮的練習，他們的老師在旁指點，三人不時發出悅耳的笑聲。

想到這羣和我日常生活毫無關係的人，竟然帶給我一陣興奮、一份暖意，就像陽光，似乎和我並不相干，卻在默默的散發出溫暖。

只要不失望，人間的情意仍是有跡可尋的；只要不執著，人間的旅程仍是光明的。

飛馳吧，朋友！在你不斷上升的旅程中，注目於大地的神所掌管及承托的宇宙吧。當你凝視滿有恩情的神，你找到能夠常懷希望的原因了。當你側耳而聽，你甚至可聽到：「飛吧、飛吧，不要怕跌下，我在旁邊看著呢！」

此際，我對「每早晨都是新的」有更深及更新鮮的體會。

是的，九七將臨，政治「秀」背後，是各種使小市民成為犧牲者的把戲；是的，家庭破碎、社會紛亂、人心孤寂；是的，每日慘事都在不同的時空進行著，而人已自貶為非人。

但是，陽光仍灑滿一地；但是，人們仍常懷希望，迎向朝陽；但是，仍有很多默默耕耘，為社會作出貢獻的一羣。

但是，最重要的是發聲說「每早晨都是新的」，認信那位亙古常存、當我們還作罪人時就為我們死的神。

今天，願你帶著希望上路。雖然我和你如同陌路，你和我都在各自的旅途中尋覓不同的路標，願你能在失意時說出「但是！」

「飛馳吧、朋友！」你真的是我的朋友；不單被同一位神所愛，亦生活在神所支持及愛顧的地土上。並且，在這個社會及家庭中，各自努力的活出理想。

我真想一直在這裏坐下來，就這樣的一直坐下去，心中不斷對神說：「主啊，我要個彩虹的溜冰場作生命的禮物。」

波士頓——靈程首站

我邂逅了一個從波士頓來的人，勾起了一連串的回憶。沒有預備，就在閒談笑語中忽然的說出「我來自波士頓」。這竟然使我興奮莫名。

波士頓三字像凝在半空，然後落入心底；然後一切都回來了。

那一年，我在離波士頓約兩小時車程的一所州立大學念書。位於小鎮的大學，人不多，卻都是無拘束的朋友鄰居。這裏不單寧靜，風景更是優勝。但只要一踏足波士頓，便立刻換了個感覺。如果小鎮是幅美麗的風景，波士頓就是幅流動而充滿生氣的畫。

波士頓的氣派不單是在劍橋那邊的哈佛與麻省理工，而是在於一種說不出來的韻味。波士頓有她獨有的節拍，而且在街上的人都以這個與別不同的城市而自豪。

而我，從來沒有想過波士頓會成為我的靈程首站。

「灰狗」巴士把我從小鎮載到波士頓那段路，並沒有甚麼吸引的風景。在車上，我會想到在波士頓念研究院的姊姊，或者是唐人街的種種。我也想到那個好像在期待著我的城市和那裏的人。

平日上波士頓，不是吃中國菜，看中國電影，買中國雜誌，就是與姊姊聊天；教會總是我最後的選擇。

到現在我也不明白，為甚麼會接受了姊姊的邀請，參加那一年的冬令會。但到了山上，不期然的有份平靜的感覺：是那種很深而又說不出來的靜。

平靜，卻不是心如止水，而是更像一種安詳。走進那一片的白色中，走進那一羣讚美的人中，走進生命中。

沒有準備，就是在交談中忽然觸及生命的弦線。然後是戰兢及如履薄冰的禱告。那個下午的聚會本來是介紹一本新辦的雜誌叫《突破》。介紹完後我跑到攤位那邊翻翻雜誌，然後就開始談話了。就這樣我們由生活談到信仰，最後是禱告的邀請。

當我發出第一聲的禱求，我開始覺悟；在這個山上，生命忽然轉變。

小曦也是這些重要時刻的見證人，但他說的話不多。他只是默默的陪伴著我。在靜默中，我感受到他那份堅持與鼓舞。

翌年冬天我離開波士頓的時候，小曦來送別。他給這位還沒有決志的朋友帶來一本薄裝的新約聖經。

那本皮面金邊的英王欽定本聖經，仍然放在我的書架上。它在提示我生命的相遇，它在燃點生命的希望。

你喜歡你的旅程嗎？我説的不是你走馬看花的旅行、更不是相片或錄影的資料。人一生走過活過的地方的旅程，和短暫的假期觀光相比之下，我們都只看到後者而大大的忽略了前者。前者是人生，後者是生活的點滴。

溫尼柏——靈程偶拾

近冬，想起溫尼柏深深的雪。想像年輕的我踏足雪上，踏出生命的足印。

初抵溫城，於夏日我愛在家居附近的一條綠蔭大道上散步。獨個兒住在附近的一個小閣樓，我卻並不孤單。除了手上的聖經，還經常有一羣可親的弟兄姊妹作伴。

雖然很快就搬了家，我對小閣樓及大道的感情卻沒有稍減。後來我陸續住過的地方很多，令我至今難忘的是在住宿舍時認識了Lawrence及後來與Louis共住的小屋。

從宿舍的窗向外望，可以看到那條環繞著校園的河。有時，我會走到河邊，凝望著河水，高聲唱出一首又一首的詩歌。

週六晚上，我總是和兩三個人，有時是冒著風雪，步行往大學團契聚會的地方。過了馬路，經過農業系大樓的那條路，再拐幾個彎，就到達附近的一座小教堂。

事隔多年，我仍然十分嚮往那種深度的團契生活。那麼多人在敬拜及禱告，捨不得分手。回到宿舍，不願睡的人一邊在吃消夜，一邊談讀書、生活、教會。

我就是在宿舍及團契與Lawrence認識的。我倆沒有一見如故，也沒有成為深交，但他的溫柔安靜與文字的修養都吸引著我。在很多的相遇中，我最記得他說過的一句話。

那次我因寫論文的進度緩慢而失望非常。我去找他，其實是我希望他也認同我不再寫論文的決定。誰知他淡淡的一句，「你不要走」，我竟聽他而留下了。

後來，我又搬進了Louis的小屋，和這位充滿幽默感、性格單純、信心穩固的弟兄建立了深厚的友情。

Louis不單談笑風生，做家務及做飯也相當勤快有效率。我在小屋不斷修改我的論文時，他從來不會打擾我，只是默默的完成我應該分擔的家務。

在那寧靜的小屋中，我聽到神的呼召，願意全職的事奉祂。但我想不到在我畢業回港後，Louis比我更快的進入神學院。

接著就是他畢業，被按立，往蘇里南宣教，結婚……這一切我都為他雀躍不已。直至有一天我聽到噩耗傳來，使我再三握腕長歎。

憶溫城舊事，心中油然發出對神的讚美及謝恩。對於那些曾踏進我生命，與我共赴程途的眾友，我常銘感於心，覺得只有祝福。

童年時期盼望野外旅行，和三數朋友遠足玩樂的日子已遠去了。取以代之的是營役的商務之旅或快跑的市井旅程。有趣的是，童年簡單的旅程所帶基來的滿足感，任我們在工作坊有如何的成就，也不能使我們重溫那份悠然的滿足。

猶太人是最明白旅程的民族嗎？經年累月的流徙，從埃及到迦南，由亞洲而歐洲，以至於美洲。他們寄居、被藐視、嘗盡各種痛苦，而雖然他們當中有很多人的旅程終點都是殘酷的集中營；他們卻依然在行進的旅程中，並且有尊嚴的行著、行著！

你不是別人，你是朋友

「文人相輕，自古皆然。」

一提筆，想起以上的一句話。為甚麼相輕呢？因為你不是朋友，你是別人。你不單是別人，更是角力競爭的對手。

其實，角力相競的又豈是文人呢？商人、工人、家人……都一律可以視對方如陌路，人面無真相，這也不是自古皆然麼！

活在競爭的陰影下，人消極的都傾向自保護衛，又或結交「同聲同氣」的朋黨以壯聲勢。因此，「朋友」只是用作自保的一面擋箭牌，他不再是朋友。

我們寧願向陌生人敞開心懷，浮光掠影的說些心事；我們躲在層層面紗背後，計算著誰是別人、誰是朋友。

小學五年級之前我的成績不單非常差，性格也偏向孤僻。重讀五年級時，格外好的成績使我不再自卑，我的性格也開始變得開朗。

大學時代，我不單滿足於相識滿天下，也慶幸有兩三知己。進入教會之門後，我曾寄夢能和朋輩友儕共同進退。我為到很多愛護我，和我度過艱難的朋友而感謝。

今天，我仍珍惜深度的交往與靈裏的相感互勵。但我不得不承認相輕是事實。相輕更是生存的工具。起初，我對於這種相輕的體會尚存一點欲挽救頹勢之心。然後，我漸漸發現，我不欲相輕時仍會被相輕的事實。

教會羣體中，孤單獨行的有之，聯羣的有之，攻防的有之。總之，我雖願意作別人的朋友，但別人卻未必歡迎我作他的朋友。我雖願坦誠相見，但久已活在陰影下的人仍消極的自衛。

於是，孤芳自賞的繼續陶醉，滿足於君子之交。「自命不凡」的繼續以結交天下豪傑為己任。自憂自恨的繼續抓緊自己的傷痛，又或抓緊朋友的慰藉。

我寫《時代論壇》的專欄，認識了不少真誠的朋友，而交淺言深更見珍貴。我堅持的態度就是銘記基督的說話：「我乃稱呼你們為朋友。」

我雖不若基督的為人捨命，我雖看見相輕的真實，我雖曾被視作別人，我仍執著「你不是別人，你是朋友」的這種態度。耶穌說這話時不是以大師自居，而是以生命相許的。但願我們都更有基督的心腸。

小學的日子過得最慢，中學的日子好像快一點，大學的旅程在學業、交流，派對、談天說地或滿懷大志中更快的渡過；而當我們以為可以稍為慢下來的時候，前途、家庭、事業、子女，一下子將我們似乎安排得很好的旅程意外地搗碎得四分五裂。那時，在旅程中只有幻想的人將徹底失望，但有真正的人生目標的人仍能奮進的上路。

佇立在今日，我回望昨日的旅程，又展望明天的旅程。我勉懷昔日的美好時光，又唏噓仍未治癒的傷痛；我希望明天的旅程可以活得更精彩與動人：但今天的旅程中所經歷到的重重喜樂與憂愁，在轉瞬間又成為昨天了。我真的可以活得更精彩嗎？我追求的精彩又是甚麼？

你不是別人，你是弟兄

今天晚上，我想起阿榮那高高的身影。我彷彿又聽到他爽朗的笑聲。這一陣，總是想起已經不在的人。

我與阿榮並不是知己、靈友，但他生命中煥發出的熱情、信心及投入感，深深使我感動。對我來說，他不單是一個普通的他，他更是弟兄。

弟兄有張嬰孩似的臉，與他一起相處，不單快活，而且有份說不出來的安全感。他行政、音樂、神學，甚至電腦都熟習，卻從來不會誇誇其談的予人以壓逼感。相信阿榮也是好丈夫、好父親吧。

在他的安息禮拜中，我哭得很厲害。除了惋惜這份情誼之外，我還在哭自己。不像阿榮，他待眾人如弟兄，他的生命真摯的傳承，我卻仍有矜誇。

有時，我埋首於我的工作，所有的人都一下子的變成了別人。我又為這些別人加上標籤，完全忘記了他／她是弟兄／姊妹。我不禁為自己的爭競而汗顏。

睡在棺木中的阿榮像個熟睡了的小孩。他有小孩的單純、天真，但亦有大人的心志。雖然他只活了三十五歲，他已選擇將生命毫無怨言的付出。

此刻，想起他的種種，亦希奇他的生命竟如此感染著我、妻子，和周遭的人。像主耶穌，像雙親，弟兄的生命已植根在我裏面，生生不息！

如果你和我的生命曾經交匯過，而不曾觸動心弦，那實在是憾事。交友談心、互勉互感，本來不能勉強，但若能交淺言深，視對方如弟兄靈友，這總是好的。

當然，你若抱著不問收穫，只問耕耘的心情去傳遞生命、感通靈性，你能自由及更平安的關懷，待人如弟兄，這肯定是美事。你若被人視作別人，你也不應有恨。

歸根究柢，我們都是一同在主面前領受的，沒有可誇。阿榮不比眾人強，他亦有瑕疵；他只是忠誠的去奮鬥，盼望活出使人得祝福的生命而已。

感謝主，像阿榮的弟兄很多。他們都靜靜地在傳承生命。他們實在是和你和我一起作朝聖者的。生命這樣一起的朝向基督，就會看見基督的生命真的是在眾人之內，心靈就生出一種更赤誠的態度，能與人悲，能與人哭，能視人人為弟兄了！

二十一世紀的地球村的確縮短了地域的距離，但心靈的距離卻好像越來越遠。在不同的文化振盪中，在小小的辦公室以至於家居中，我們竟發現我們的孤寂與古人的並無二致。穿梭於快於時光的軌道，我卻伸手去接觸一抹溫柔，但我見到的多是蒼白乏力與冷傲的臉容。

你不是別人，你是僕人

外邊在灑著雨，車子在公路上徐徐前進。你在說你的掙扎，一個蒙召作傳道的人的內在衝突與矛盾。

放棄呼召的僕人，大概也是另一種死亡吧。難怪以利亞在羅騰樹下求死，也難怪彼得只能說：「你知道我愛祢。」他不能肯定地說：「我比約翰更愛祢」。

在求死之前，以利亞的心早已死了。此刻，你是抱著一種雖生猶死的心情嗎？

只要你離開了你的崗位，你就被視作一個別人而無復是僕人了。這種「只是別人」的想法必使你的心扎痛。勾起的可能是人的看法、神的「不公」、你的不足及失敗。

你這重視呼召的僕人，你的呼召卻不被重視，你的痛楚與傷痕更未能喚起憐恤與認可。

風更大了。夏秋之間的風風雨雨竟是你的生命寫照嗎？莫非主真的不顧麼？莫非主也容許你被視作別人？你沉默良久！

藝術家不再作畫，音樂家不再彈奏，作家不再寫文章，觀眾還會繼續偶像化他們嗎？照樣，不再服事的傳道人也再沒有信眾「神化」他們！

我的確相信你並不是靠「神化」來作僕人的。因為只靠觀眾喝采，而不是蒙召的僕人，他們的「壽命」就算不短，他們的事奉也是要七折八扣的。

但現在你終於要宣告退役了！真的嗎？

到站了，你沒有傘，我也沒有。你走了。我則帶著歎息繼續上路。想到教會竟然能使一個熱愛人羣、矢志牧養的人，驟然間變成一個懼怕的人，的確是件傷心駭人的事。

我亦曾在事奉過程中感到疲累無力。超時的工作，拼命得忘了家庭、忘了自己。那時，我為了不被人視作別人，而是「有用」的僕人而奮鬥。然而，到了稍為「有用」的光景時，我卻已經困乏不堪。

是我使自己疲倦的嗎？當然。但整日的活在各種不同的期望下，心中承受著沉重的壓力，壓得我想一走了之。

記得很多個夜歸的晚上，為到妻子及孩子禱告時，仍掩不住心中那份內疚。可是，在低頭默念俯思時，卻總聽見那微小的聲音說：「起來，回去，你不是別人，你是僕人。」

臨走前，你說要休息休息，但你真的能放下一切去休息嗎？

牧會是場既艱難亦崇高的考驗！面對內在的同工、外在的會眾及在上的主宰，僕人的內心卻被重重的架構及人際關係「卡」死，動彈不得。

牧者們若不自植更新，很難持久面對各種挑戰。在牧會工作中的壓力及情緒，其來源自是非常複雜；加上個人成長背景中的創傷，僕人們內心的負荷可想而知。

今天晚上，你將困難道出時，雖然並不表現得十分憤慨，也不顯得特別傷心。但這種外表漸漸變得冷漠，內心的鬱滯及敵意卻在逐漸形成的情況，比起外在的怒氣似乎更可怕。

其實，我感受到你不單氣憤、埋怨，你已開始責人責己。你對神的質詢也正在醞釀。但更要命的是你已開始視自己為別人；生命的呼召及差遣正受到沉重的打擊呢！

我也曾為自己安排好前路，理想地期待永恆之君的任命。如共訂盟誓的戀人站在紅地毯的那一端，踴躍、歡欣莫名，我也憧憬過莊嚴的牧師按立典禮。我當然明白無論那牧師的袍有多重我也得披戴著上路。然而，當懷疑一陣陣的襲來，我所建立的理想形象也曾一度受到極大的震盪。

有一段頗長的日子，雖然經過一日的勞碌工作，我在床上仍輾轉不能成眠。那時是事奉的「黑暗」時期。我竟變得無力無助，不復認清我是僕人的事實。

後來，我才驚覺拉我進入這黑暗漩渦的，並不單是外在的困難，而更是我對自己的評價。我對自己自恨自憂易，對瞻仰主的恩賜難。其實我不必為自己的價值憂心，因為這憂心只會使我下墜，不讓光在黑暗中照耀。

你已遠去，本來想說的一番話卻不知如何說出，害怕會觸動你的傷口。或者，更多的說話對此際的你亦無甚意義，你也許要獨自經過荒漠，在你獨有的旅程中聆聽及得著治療。

在此孤獨中，我相信必孕育出一更寧靜依靠及平安的心。你將親身體驗你的價值在主手中，你將成人。但願你不要因自己的價值而灰心，忠心植根於主裏面並作祂的僕人吧！

在短暫的人生走一回，我選擇不作一個自求安慰的過客；我不願貪戀的旁觀。或者我不像古代的俠客、能在旅程中鋤強扶弱，立功立言；但我願忠誠的走我的人生之旅，奮力的付出真誠與關懷。我的目標是表裏一致、我的意義是安息中的自由。

劍客之死的故事——送給一位深情於神的同工

金劍已沈埋！

多年來你掙扎著、馳騁、浪跡天涯、劍不離手。此刻你的確非常困倦；我彷彿聽到你心靈深處的嗟歎、哀愁，如遠處響起的簫聲。

多年來你堅持著、起舞、奮鬥、胸懷抱負。此刻的你失望苦澀，你卻未被記起。一次復一次的滑落低谷；下墮之際，你伸手、呼喊，你卻未被認出。

情使人累，情使人惱。你這用情的劍客已無昔日光彩的面容和閃炯的眼神。

「虛飄飄，比浮名利猶堅牢。」東坡真的這樣灑脱嗎？他的灑脱又真能慰解，叫人不應有恨？

豪放的詩人以簫代劍，這實在是生命的割裂啊！有簫無劍，豈是放棄名利場那樣簡單？放棄就是情的付諸流水，放棄就是讓那些無情的用劍者，隨私意去砍伐殺戮；那又於心何忍？

再者，收劍於鞘，終生的與簫聲相伴。不單意味平凡，而是平凡要求你忘記，忘記你昔日持劍遂天涯的豪情。你又怎能忘記呢？

你不應忘記！因為寂寞孤單本是你的。

你說：「我從來就不是為名利，我活著就是基督。」可是，你忘了放下名利，就是像基督一般的不被記起與認出。

你不應忘記，你應繼續行完你的旅程。山一程、水一程，這程那程都載滿了你的悲憫與憐愛，你卻注情人間，效法基督的憂傷與眼淚。然而，你的悲憫與憐愛之情，洗滌了你的傷口；你的憂傷與眼淚，包紮醫治了你的痛楚。

落到心靈的最深處，你看清你的困惑與不解了，是如此的交織著，那經年累月、斑斑駁駁的感受，一直「不為人所知道的」真情。你對人生的苦罪，你對不公允及偽善充滿了的憤怒；你對制度，對人際關係充滿了的懷疑；你看見這些感受一次又一次的出現在你的生命中……

你不要離開。現在沒有神學可以幫助你。留在那裏，就像十四世紀的茱莉安停在神的面前，凝視十架並由此而帶來的生命自省。你這不被人了解的孤獨凝視，將被帶去與另一孤獨相遇。

你將明白人生最大最深的渴慕，是在與孤獨及流淚的神的相遇中找到。在愛海中浮起了劍，劍浮起之際有簫聲，還有其他管絃絲竹，好像在奏著——金劍已重尋！

只憑口說的愛不是真理，只有物質的支持和行動的愛心也可能是出於私心或意志。為自己而去愛或自我中心的愛也不是愛。因為我們都怕犧牲，我們都選擇去「愛」一點點，而永不會撇下一切的去愛。

愛當然和感受有密切的關係；愛到濃時理智的部份好像蒸發了似的，而意志雖然要駕馭心靈的或戀慕，情感在此時卻快馬加鞭。雖然欲愛的人都不願失去愛，但或者我們應該記得：愛不是擁有而是付出與珍惜。

有情人

電視台重播《亂世佳人》，每次看見預告片中那場大火，便勾起一段埋藏已久的故事。隨之想到生命片段中的一個又一個的有情人。他們的影象並沒有因為日子而飄遠。

依稀記得是十多歲的那一年，旺角的新華戲院又重映《亂世佳人》。母親每次談慧雲李及奇勒基寶時的那種眉飛色舞，早已深印我心。抱著非看不可的心情，在一個微雨的晚上趕赴尾場——亦是最後放映的一場。待我看到那個高掛的「滿」字時，不禁大為懊惱。

正要離開的那一刹，有位年紀相若的少年趨前問我是否要看電影。原來他的朋友沒有赴會，他手頭上多出來的一張票，他願送給我。我還記得在燈火闌珊的路上，我倆交換了電話號碼，然後才告別。至於電影嘛，我只記得故事發生在美國南方及那場大火。

二十多年了，這件逸事仍存記於心，相信是因為一份素昧平生的情誼，雖然簡單，卻是彌足珍貴。

兩個兒子雖然年紀還小，嘴邊也常掛著他們好朋友的名字。成年人若只能在回憶中尋找好友，畢竟是憾事。

小兒子Justin好友中有一個名叫Todd，他們的確心相契合。我們從加回來後，兒子又認識了不少新朋友，不知他有否忘記了Todd。但我和妻子仍津津樂道兒子跟Todd話別的鏡頭。

那一天，兒子上完最後一課，我們到學校接他。兒子走到我們身邊的時候，Todd亦走到Justin身邊，以手搭著他說：「Justin，你是我的好友，我將懷念你。」Todd的眼光中沒有悲傷，卻帶著一種肯定。Justin垂著頭欲語無言，但他對這次告別似乎有更深一層的體會了。

我相信在人生的聚散中，人人都有深情的使人感喟或興奮的故事。昨天下班後收到剛寄來的雜誌，讀到吳宓與陳寅恪的生死之交，心中又有極大的感動。兩位先生均是著名的學者，卻都能推心置腹，互重互愛。我多盼望能有一段又一段這樣的情誼，直到老時。

在匆忙的日子中，你我都會忽然間變得寡情，甚或無情。那樣，捕捉及珍惜生活中的情誼便不是可有可無的事。「舉杯邀明月，對影成三人」自有一番意境；人生的孤獨本來就是必然的事，但你我的孤獨能分享分擔時，便共融成一個又一個的愛情故事，深刻的震撼著你我的童年、青年、中年、老年。

不滅的是愛。在街上我看到那對瞎眼的夫婦拖帶及呵護著他們那個似乎是看得見的孩子；他們的臉容告訴我愛的關係可以是這樣深刻和難以言傳的親密。在和平為公義抗爭的集會上那些攜手的年青人的眼神告訴我愛可以是這樣的有真理。而在退修、默念、禮讚的羣體的動作與歌聲中，我忽然明白：我怎樣表達對神的愛也不能回應祂為我所付出的愛！

良師

雖說人生如雪泥鴻爪，但與其感喟人生易逝，不如捕捉珍貴時刻，與有情人共聚。我對有情人的要求並不高，只要能說心頭話就好。歷此半生，能說心頭話的好友不少，也有坦誠相對的老師。朋友之情常可回饋，但報答老師的機會卻少。或者，弟子始終未有老師那份對生命的經歷及體認吧。事過境遷，惟有回想那些諄諄善導的有情人。

我最愛國文老師。中二那年老師講王勃的《滕王閣序》，講到「落霞與孤鶩齊飛，秋水共長天一色」兩句，其投入有若將意境詩義活畫在我眼前一般。中四那年，遇上另一位對我們關心有加的老師，難忘坐在他四壁都是文學書籍的書齋聽他的教誨。同年，還有位教英國文學的老師，平時兇巴巴的。有次我們的功課實在太差，她痛心的對我們說了一句“You are old enough to think”。我和同學都稱她為「勇士」，皆因她絕不苟且縱容，豈知那次的一句痛心話使我們感動不已！

中六那年，大家都戲稱我為「孔子」。不是國文課時我也將課本放在抽屜下，讀著、背著。那年的國文老師「花名」是「大軍閥」，剪個平頭裝，說是就是，說不是就不是，但念起詩詞歌賦來那種鏗鏘及跌宕有致，好聽得不得了。難忘他念「窈窕淑女，君子好逑」的韻味呢。

心儀的大學老師出奇的少。對比之下，我對神學院的老師更有深情。他們對神及生命的尊重，活出來的不同個性及人格，其實在塑造著我。耶穌出來事奉的時候，邀請跟從者「來及看」(come and see)。老師也讓我目睹他們深度及美麗的人生。不過，他們的掙扎及苦澀，不為人明白的一面，卻是我後來才明白的。

那是崇拜後的一次相遇。那天早上我講詩篇十六篇。因為心情的孤苦；因為被詩人"love to be unknown"那種不為人知卻又矢志不移的愛情所感，我盡情的表達我和詩人的共鳴。崇拜後老師有感而發，說了幾句話，那種真摯及赤誠都歷歷在目。我曾一度以為老師比較冷靜，誰不知內心卻澎湃著對神、對人的熱情。由此，我看到更多甘願平凡並默默耕耘的老師們；他們的自我策勵及執著於真理的理想，好比一個又一個的邀請——帶我看在學術及理論以外的心靈境域。

前幾個星期，太太約了她以往的國文老師吃飯，我和孩子們都一起赴會。這位老師的心機，我在太太的週記上早已閱盡了。紅筆的心思構成一篇一篇的對話，皆因老師心中有她。

老師不都能說心頭話，皆因老師也是人，也有其不足及不是之處。但能夠坦誠交心，比「好」為人師的強多了。我願見到更多亦師亦友，甚至像耶穌一樣亦師亦僕的有情人。因為在此已失去純潔及真理的時代，仍需良師的祝福及指引。

神聖的愛在此對情感世界的深度已盲目不辨的年代，益發變得稀疏、淺薄。因此，常經憂患的耶穌以極大的感情投入人羣中時，祂到底背負了多少世人的冷漠；而祂，卻由始至終都深信永恆的真理是：愛就是憐憫、恩慈、饒恕與為不能愛的人付上代價。

可愛的男人

只要傾聽一代代寄託夢想的心和聲
只要沉思並抬起頭問或數一數耐不住寂寞燒盡的星
就是最好的慰藉
神聖永遠是安寧的。

楊煉《朝聖》

楊煉的詩，讀出一個神聖生命的追尋，也讀出一個可愛的男人來。

心目中的可愛男人，是熱情擁抱多於冷靜分析的那一類。熱情擁抱再加上一份真、一點傻及一點溫柔，則無懈可擊！

現代人誤將可愛等同了出色。教男人變得更可愛的書都離不開怎樣做個出色的領袖、丈夫、父親。忘記了可愛的男人在於那份真。真心的去擁抱、熱情及誠實的去行人生的路，不是英雄又何妨？

可愛的男人通常有點傻，傻得有點戇直，又有點癡心。傻的男人敢於作夢，他的真保障了他的傻，使他不會自欺。

可愛的男人不會「殺」氣沖天，也不會憂悒鬱結。他承認及接納自己的破碎及不足，他溫柔但絕不會顧影自憐。不悲歎生不逢時的溫柔男人，照理也不會故作獨特。

龔自珍的劍氣簫心本是好，有豪俠義士之勇，復有盪氣迴腸的哀情。劍簫合璧、內聖外王，還不是可愛的男人？定庵缺乏的正是一點溫柔，那點使他在死蔭幽谷中仍能默念及澄懷的溫柔。

說到底，熱情擁抱易，真比較難，傻也難，溫柔最難。男人都在熱情的衝鋒陷陣中「死」去(又或者早已看透而不願死去)，來不及做一個真正可愛的男人。

讀法國作家蓋斯(Michel Quoist)的*Pathways of Prayer*(《祈禱歷程》)，書中細膩的感受及心境，印證了他的深度與溫柔。我把書經常帶在身邊，要一看再看這可愛男人與他可愛的神的對話。

在千山萬徑中，男人被禱告指點生命。在下墜中他甘心作個朝聖者——仰望！上到高峯、下到谷底，在孤寂的旅途中，他誠實的靜觀心路、馳遊心海。他知道由之而引起的痛楚及創傷是根本的。對他來說，進退在心間。正如蓋斯所言：

I'll leave home then, Lord,
confidently, joyfully
and I'll set out fearlessly on the unknown road
the journey of life is before me.

無疑，蓋斯和楊煉都是可愛的男人：只不過前者在未知之中多了一點後者所沒有的愉悅。

他們卻都靜靜地、靜靜地發出生命的光輝。

我多麼願意香港有更多這樣的男人！

你問甚麼是愛、你問如何愛、你質問為甚麼沒有愛；這都是非常真實的問題，你這樣問時，你必定是尋求愛及需要被愛；但我們也可以學習問：我到底如何經歷愛、我怎樣可以活出愛而不濫用了它的名字；我愛的動機是甚麼。

RETURN

G & S：

從電話筒傳過來的聲音，是興奮及愉悅的。我已猜想到究竟是何事。待見到你們神采飛揚的坐在餐廳一角時，更肯定我的想法。來不及欣賞美麗的食物，也無暇細觀隔岸的景色。淡淡燭光下，我親睹你們甜蜜的笑容，從心底裏我和姍都為你們高興不已。

說我傻也好，說我樂觀無知也好。這幾年我直覺得返樸歸真是可貴的，卻又是稀有的。復歸沉寂，不是為了避世，而是看透看穿了人間世的愉悅，並不是恆常的滿足。那是晚上，你們給我們最深的感受，就是這種真。對我來說，這種真是永恆的、值得珍惜的。

記得S問我：「甚麼是spirituality？」當晚我就答了一大串。但回家細想時，靈光一閃地想到"spirituality"不就是返樸歸真嗎？不錯，"spirituality"是一個「朝聖的旅程」，但它也是一個返回的旅程，奧古斯丁就愛用"Return"這個觀念來說明「歸真」的過程啊！

但究竟是甚麼力量催使一個已出發的人再次歸回呢？是對真的執著與尋索嗎？每一次的返回，表面上是退步，實質是經歷一次生命的深化的過程。這種深化的真實感的單純、誠懇，就像一杯沏好的茶，水清而茶味濃郁。有此體驗的人就情願返回，也再不願意顛沛流離了。

生命的深化未必是知識及學問的增長，卻必定是生命的發現，也是生命的再詮釋，這是真的，不是假的！這「真」就如完整無瑕的玉石，不單叫人欣賞，也使人渴望能擁有。

不過，若問我到底觀察到你們有甚麼具體的改變，我或者也不能詳細道出。只是與你們共坐、對談，在眼神的交往之間體悟到一種心靈的默契。

因此，我想到的「歸真返樸」，主要是心境上的改變及心路的選擇。隨之而來的生活形式和人生目標的抉擇則是理所當然的。心境為何轉變呢？G說是因為得著了醫治——是心底的真正感受被觸摸、被認同的那一刹。於是，你不再執著於你應得的及你所說的理。

生活在只講消費、務求出位、卓越追求的社會，人的物化已使人變得愈來愈虛謊。要抗拒這使人失真的潮流，不致被侵蝕，埋葬於「江湖」，惟一的方法就是返回，然後將生命埋在神裏面。

海旁的夜色、街上的行人，甚至我腳底下的路都沒有改變。但因為你們生命的釋放，帶給我們真摯動人的激盪，卻歷久不散。

你們或者又會說我太過浪漫、不切實際，但挽著妻子的手的當兒，我只想到「返樸歸真，共享永恆」這八個字。

Love

A & S

愛必定是甘心情願的；世上最大最強的力量也不能迫使我們去愛；但甘心的愛也是矛盾的，因為當你期待愛的回應時，你該知道你必需給予他／她自由；並耐心的等候他／她真正的明白。耶穌的愛也是這樣的嗎？是的！

若愛不能使我健康的愛自己、不能使我活得更像一個真正的人；若愛沒有身同感受的哀哭，反而成為操控；若愛只是我去愛而不是在基督的愛裏去尋覓愛的方向與實踐；或許，我仍不懂得何謂愛。

傳承

生命的傳承

上眼，我總看見父親的愁容。那像是我在夢中見過的愁容。父親是捨不得的，但他終於離開了。

禱告的時候，也曾見過父親睡在徐徐上升的床上，一直飛往藍天；又見到他像天使般，添了雙翼。

母親在數年前離開的時候，我發現死亡不單沒有淡化母親的形象，相反，更加深了我對母親的了解。隨著日子流逝，我對母親的欣賞及肯定也愈見真實。

就算是一句家常的話、一味可口的菜、一個憂傷的表情都記得清清楚楚。母親當然不是完全的人，但留在記憶中的總是她的好。

納蘭暗戀宮中妃嬪的故事和那首《相逢不語》的詞，便是在病床上聽母親誦講的。那年我十七歲，因為患上肺炎而住進了醫院。母親每次來探望我的時候，我總希望她留多一會、說多一點。

現在想起母親，心境總是愉快及平靜的。或者，這也可以說是一種精神的力量吧！

至於父親，我相信他對我的影響是絕對的。他或許不知道他在我們心中的位置，我們也許未能活出他的期望，然而他創業奮鬥的精神，凡事都記掛到大家庭中最小的成員的心情，我是很清楚的。盧雲在*In Memoriam*[1]——書中說母親已成為他的一部分，我也深信父親的生命植根在我裏面。

由此，我得到多一點釋放。我對死亡與離別也多了一重的體會。或者數年之後，當我想起父親時，我會像想起母親一樣也說不定。

再者，若父母在我生命中能成為泉源，滋潤靈根，那位愛我們到底的主豈不是更能植根於我們之內，使我們的生命生生不息嗎？這使我再想起耶穌基督的死的深義了。

父親這次由患病到離世，我在斷斷續續的寫下我的心情，我相信這些都會成為我日後生活的資源。我也開始明白神原來安排我在不同的生命中，透過他們的死亡，讓我領會到死亡的祝福意義。

合上眼，想到有一天我也會死去，並且生命植根於妻子、兒子及不同的人心裏，想到與上主共享永恆，想到生命、精神就是這樣延綿下去。當下，我求主幫助我珍惜今天，靈根自植。

1　編按：中譯為《別了，母親》，香港：基道出版社。

回到起點

言語的確有限！言語甚至隱藏了真正要溝通的信息及感受。因此，我們用詩、畫、音樂、各種藝術來表達我們的心靈境界。

此刻，我的心境的確是只可意會而不可言傳。呈現在心田的是聖言的應許，是基督耶穌的十架。但更強烈要將此呈現推開的卻是另一呈現——病危的父親；他的臉容、眼神、一切、一切。

想到唐君毅[1]的話——親人的離去使你生無窮的咎心，你想起他的好、他的是，特別是他對你的好。父親尚在，但此種想法不時冒起，使欲嘗一刻平靜的心湖不斷泛起漣漪。

第一次深刻感受到自己愛父親是在結婚前夕。輔導員簡單而直接的一句問話，勾起了我對父親的各種感受。我記得我當時說：父親是孤單的！然後眼淚就掉下來了。

過去十二年，我目睹父親逐漸衰老，但他仍堅持去愛及維護這個家庭。他的方法及表達與我們不同，但他的心思意念卻是誠懇的。

大兒子出生的時候，我還在神學院念書，經濟拮据。一天早上，父親親身來到我的家，打開門的當兒，他就將錢放在我手中。父親說話不多，但這次探望，勝過一切言語。

回想過去，父親給我的實在很多。兒時聽他說做事做人的原則，現在還很清晰似的。父親喜歡上館子，我們也常想起他曾帶我們去過不同地方。但母親離開後，父親的確愈來愈孤單了！這是回憶所不能彌補的。

我和病床上的父親談了很多話。他雖未必盡明，但我最想告訴他的是，他所給予我們的是我們不能完全回饋的。我只能接受並珍惜這份父親賜予的禮物。

以上這些感受與思想，使我對天父的愛及無限的同情又加深體會。因為天父和地上的父親一樣，都願意無條件的給予。

回到起點，就是重拾、重新肯定天父無限的憐愛。經常的回到起點，我才能真正的靈根自植。或者我可以再次啟航。

1　唐君毅先生，新儒家之表表者，其所著《人生之體驗》曾給我無數的啟發。

家庭帶給我複雜的感覺！它曾帶給我歡樂，也曾帶給我痛苦。我為歡樂感謝時，我要正視家庭帶給我的痛苦並學習去接納它。但我必需知道悲歡離合的家不單是人生的真相，也是我必需親自去體驗的過程。

生命的禮物

爸爸……現在我對你所重視的事物，每樣都在我的價值觀念中重予評估。

蘇恩佩

「告訴我一些關於你父親的事，好嗎？」蔡醫這一問使我先是一怔，然後眼淚就下來了。我回答說：「父親是寂寞的。」

十二年有多了，這一幕仍存心間。本來想婚前輔導不須問父親的事的，誰知卻牽起了憾念與回憶。

我説父親寂寞因為在付出及收穫之間，他似乎常常選擇前者。我流淚因為我無法取悦他的心，更無法體驗他不為人知的孤獨。兒子是永遠沒有辦法完全明白父親的。

讀《傅雷家書》，讀得出一個無微不至的父親，也深感那份父子之情。父親雖不曾寫信給我，但對子女的關懷，特別是在晚年時，都使我感激非常。

最近數月，圍聚在父親病床前，我和兄弟姐妹們談的盡是父親曾帶我們去過的甚麼地方。一九七〇年我中學畢業，我第一次與父親一起旅遊，目的地是台灣。後來我陸續的去星馬、日本、歐洲，然後到美國讀書。父親很喜歡我們藉旅遊增廣見聞。當時我雖然很滿足，總怪父親只懂得在物質上供應而不和我們溝通。誰知這就是他的溝通形式。

靈堂內，擺滿了花籃，還掛滿了很多祭帳。後者多是父親的同行送的。這不單使我想起多年前父親那小小的工廠，也使我想起很多面孔。那些曾接受父親幫助的人，那些虧負父親的人，父親卻依然付出。

父親，我常說你倔強主觀，太過自信，少不免忽略了你這份主觀，時刻都執著去付出，以你的形式去關懷及記念。你的心藏的太多，讓我們聆聽得太少。這數月在你昏迷中，是父神刻意的與你親近、聆聽你這麼多年來的心事嗎？想到這裏，我仍有份說不出來的惆悵！

在你的人生歷程中，除了戰亂的憂患、經商所帶來的壓力、家庭的種種問題外，我相信你最大的心事莫過於你的子女能繼承你的事業及精神。每念及此，我這個作牧師的兒子總覺得未能為你分擔多一點，心中不禁悵然。

然而，正如《背影》中的父親總是甘心將心血當作禮物送給兒子，世上的父親們也是這樣默默付出而不抱怨。其實，我深知父親是愛我的。

現在，父親的孤獨已化作詳和與平安。父親的離開亦再揭示生命的真諦，使我更深體會作父親的心靈點滴，也更叫我付出生命與人分享了。

我們在天上的父大抵也是和地上的父親有同樣的心情的。倘若天上的父每天都在凝視記念著我，父親也是在為我祝禱吧！

約瑟的故事絕對是家庭悲劇，但故事的結局又像神話。家庭的復和是好的，但看故事的人要明白約瑟在悲劇中所經歷的各種辛酸與掙扎，並知道他能經歷這一切是因為故事的另一重要角式是神。最後，我們必需新知道：約瑟的故事未必就在我的家中重演。

ABBA、FATHER——生命之父

成年之後，我們仍要經過一段頗長的日子才能與父神(ABBA)深相契合。或者這是由於我們需要糾正及純淨我們從地上的父親（FATHER）而來的種種經歷。

喬治·麥朗尼（George A. Maloney）

小几上仍然擺放著父親送給我的耶穌像，那是一個耶穌抱著小孩的像。耶穌溫柔的臉龐上有份堅持的肯定。祂的手也抱得很緊。小孩定睛的望著耶穌，他的身傾前，好像要撲進耶穌的懷抱中。

耶穌對小孩子的接納及認可是全面的。然而小孩仍要撲向祂、依附祂。這該是種怎樣的擁抱啊？還是回到奧古斯丁那句老話——「我們的心靈得不到安息，直至我在祢裏面尋找得安息。」

有時，我們會有一個錯覺，以為只有小孩子才戀慕與依附。其實，成年之後，我們在被愛和被擁抱的欲求上不單沒有減少，只有增加。

我們又有另一個錯覺，以為從地上的父親得不到的，可以從天父那裏得到補償。其實，在不同的人生際遇中，人該逐漸明白失落與痛苦都是必然的。就算天父抱得你再緊，亦不能彌補你和我已失去的。失去既然是實實在在的，它就不能再以任何形式來補償。破鏡重圓的那面鏡畢竟已是一面新的鏡子，無復舊觀了。

另一方面，我們又以為若地上的父親這樣關心愛護，天父也應該這樣。誰知天父的愛往往是超乎我們的想像，並不一定以我們所期待的形式臨到。

因此，就算窮我們畢生之力要靠近天父的胸膛，我們的內心仍像一個又深又大的洞，永遠無法充滿似的。難怪我們要去找其他關係的滿足來填補，結果是愈來愈空洞。

或者，成年人必須承認不能忍受片刻被拒絕的事實。對於不能彌補的失落，仍然非常執著。像雅各一樣，我們衝動的對天父說：「祝福我！」像很多人一樣，我要主宰的心態反而窒息了聆聽的機會。

要享受阿爸父的擁抱，必須鬆開緊握的拳頭，在內心聆聽到：「將你強烈的欲望暫時放下，將你既定的意見放棄，願意接受片刻的不安全，容許神的驚喜佔據你的心。」

在父親離開了的日子，我不單對沒有父親的人多了一份濃烈的感情，我也聽到天父溫柔的對我說：「來吧，與我相會。」

在相會中，天父提醒我要將焦點集中於從生命之父而來的恩典，而不再糾纏於傷感及失落之中。凝望著父親送給我的耶穌像，我不欲再問為甚麼，我只想停留在恩典中。

有些人被家庭拋棄，有些人拋棄家庭——然而，任何形式的出走家庭，其實都是因為不被愛的痛楚。我們不單要追求家庭帶來的歸屬與安全，也希冀能掌握家庭；但在重新擁抱家庭時，我們是要重尋以往失去的愛與安全感，抑或我們能真心的愛家庭呢？

等著你，母親

盧雲的《別了，母親》曾經在我最憂傷的時候陪伴著我。但是，哪究竟是一種怎樣的感覺呢？

對了！就是那種翻一翻，細讀一兩段也是好的那種感覺，也像老朋友一語道出你的感受的那種心情。盧雲把兒子與母親的關係描寫得這樣細緻自然，就像一個知己與你分享。他並沒有說教地指導你如何可以不憂傷，他只是說，是「母親的生與死化育了他」。

除了細緻感人的筆觸外，作者那份真情也深深的感動了我。面對死亡的無奈——從他描寫在旅途上不願與陌生人談話、病房中對母親的凝視，到回憶中母親向他揮手告別的情景——他在反省中看到自己既無助乏力，但又有一份平安的矛盾心情。這都是平凡道來的一言一語，卻又捕捉了無數懷想父母的人的心情。

對我來說，這本小書最重要的意義就是提醒我回想(remembering)的價值。在回想中，逝世的母親不單沒有將生的盼望奪去，相反，透過想念母親，生命竟有了更清澈的看見——看見真正的自己、看見分離的必然性、看見母親的可愛，並由此看見神的恩情、看見基督的受苦。

因此，生命的祝福就是藉回想母親所帶來對生命的種種體會，也就是具體而深刻的體驗，讓我明白自己是一個被愛護及接受恩典的人，但同時又是一個無法完全明白及回饋的人。

動筆寫這篇文章時，我又經歷到上述的感受，使我想得更多。剛剛放下譚恩美 (Amy Tan) [1] 的*The Kitchen-God's Wife*，希奇它竟有如盧雲的魅力，吸引我夜以繼日的讀完這本四百多頁的小說。

或者，你會說二者風馬牛不相及；但是譚恩美筆下的母親及書中的情節是那樣感人，使我不自覺的將兩本「不同」的書放在一起來讀，而又讀得出他們都認同的那份「遺憾」。

又或者，描寫母親的書實在太少了；肯讀、肯去真正了解母親的人也不多；盧雲及譚恩美便變得更珍貴。

書之真情，皆因書能喚醒心靈，使讀書人的心能想起很多很多的人，也想起使人有盼望的神。盧雲和譚恩美的作品未必是偉大的屬靈鉅著，但既然它們曾觸摸到我的心弦，也盼望能為你帶來一點對親情的體會。

1　電影《喜福會》(*The Joy Luck Club*) 的原著作者。

聖經沒有告訴我們太多關於耶穌的家庭故事。祂對國也似乎不太關注，但祂視羣眾為家人，視門徒和靈友為家人，祂不單為所愛的家人犧牲了生命，並創造了很多很多以祂為念的家。祂在世時，只有最親蜜的母親，沒有最親蜜的家人，但祂不單沒有埋怨或咒詛家庭、反而進入家庭去醫治、款待並常與他們住在一起。

懸崖上的家庭

你和我分享那幅懸崖上的家庭畫象時，我沒有想到它會揮之不去。

你說在安靜默想中，彷彿看見自己和妻子及孩子坐在佈滿了美麗的花朵的懸崖上。

崖上還有幢美麗的房子。

經過多年來的努力工作，你現在是期望和你最親愛的人單獨在一起嗎？如果是，你是否真的願意從此退下商場，不再爭一日之長短呢？

其實，這些問題並不是當天即時想到的，而是事後的思想。那天在山上聽你說出心中浮現的景象時，秋天的微風輕拂，我看見一個美麗的懸崖。當然美麗的不是花、不是房子，而是家庭。

以往不知你有否問：「為甚麼老是我認錯？為甚麼我的妻子不是那些支持丈夫的女性？」以往，不知你有否聽到妻子說：「為甚麼總是我犧牲？我已忍無可忍了！」無論如何，現在你的生命圖畫中有可愛的妻子坐在旁邊，伴你欣賞那一山的花。

想到這裏，我簡直有點悸動了。我彷彿也看見自己和家人坐在崖上；孩子遊耍於花徑上、草綠中；而我和妻相親、滿足地笑了。於是，像你一樣，我醒悟到，家庭始終是最優先及最重要的。

以往，你馳騁於商場中，揮灑自如的開拓彊土；你的計劃與創意也源源不絕。有時，你卻獨坐，慨歎時光如流水而人生有限。你像在崖上的旅客，不欲停留。

現在，你選擇了家庭嗎？若然，你的生命意義就被重新的詮釋了。其實，在過去的旅程中你同樣是在尋找意義；透過工作、理想、事奉，你不斷的要肯定自己存在的價值。經過了這些年日、風霜，家庭又再成為最重要的意義了。

生命乃滿足於崖上的小屋，花朵，和偶爾的陽光。從此，生命的選擇也以妻子和孩子的同在為依歸。

雖然，你仍在崖下作工，服事周遭的人羣、貢獻一己的才情；雖然，你仍在崖下遇見生命的各種悲歡離合與挫敗，但你將被這幅家庭畫象感化你的生命，滋潤你的心靈了。

今天晚上，忽然又下起雨來。深秋時分，這雨是罕有的。懸崖上的家庭該是個甚麼的景象呢？我不期然的想起我和妻結婚時的盟誓：「一同承受生命之恩，攜手共證基督之愛。」將這話存在心時，也遙寄給你。

國家使我想到它的河山壯麗、也使我想到它苦難的人民。顛沛在不同的歷史時代的人羣；他們都曾夢想過人生的美麗，追尋過活著的意義。讓我們帶著敬意與懷念，揭開我們民族的歷史，在他們的成功、失敗、光榮、羞辱……中再思家與國。

植根中華

一條大河波浪寬

以耶和華為神的，那國是有福的，祂所揀選為自己產業的，那民是有福的。

詩三十三12

我諳熟冥河裏的遊戲；我扯起素白的帆。我看它飽灌了風，慢慢的折斷。我最後的一眼——是破碎的帆，洶湧的黑暗。

虞岷

……我看見此五千年之華夏民族，今日如大樹之崩倒而花果飄零、隨風飄散、更不知所以凝攝自固之道，則不能不說此是大悲劇……

唐君毅

一個沉沉睡著的民族。魯迅曾窮其畢生之力去搖醒他們。然而，就算在無星之夜，那一羣一羣的青年挽著手含著淚持著信念的死去，卻沒能叫人們醒來。

那個我們紀念的五月，觸動過多少人的心，也叫我們年年懷想期待，也沒能叫醒他們。

紅色的旗海、紅色的血！二百年前，那個說「劍氣、簫心」的詩人剛剛出生的時候，憂恨如淌血的心、理想如鼎沸的水——直至革命，又再革命。

我們卻沒有醒來。

醒來不單駭人，醒來原是撕破我們的力量。因為醒來叫我們尋找、叫我們吶喊、叫我們在沒有永恆的夢土上捕捉永恆。

虞岷醒來了，她遂看見悲哀的真相。篇首引錄她寫的一段文字，原是其詩作：《曼陀羅花的復活》，載於一九七四年初版的《敢有歌吟動地哀》。這本書的副題是「文化大革命後中國青年詩文選」。編者吳甿和書中的作者們都是當時的知青。編者在篇首語中將這本書和五四文學相比，並稱之為「覺醒文學」。

唐君毅目睹的悲哀同樣是人不能自覺的悲哀。我尊重唐先生，不因他是新儒家，也不單因他的人格的美，而是他在自覺沉痛之餘，也深深明白必須重返現實世界，作一個植根中華文化的人。

歷世歷代善良的人民的追求，就是這樣簡單，他們沒有偉大的抱負。但在各種困苦的日子，他們卻仍堅韌的站著，植根在自己的土地上。就像民歌《我的祖國》的首二句——「一條大河波浪寬，風吹稻花香兩岸。」——訴說的那種心願。

至於我，我也屬於這沉睡的民族。我只有努力的鞭策自己，時刻的自重自愛。而教會呢，想到這裏，我不禁沉默起來。

傳統與現代之間

九州生氣恃風雷，萬馬齊暗究可哀。

我勸天公重抖擻，不拘一格降人才。

龔定盦

作家在尋找悲劇的原因時，不僅找到社會的原因，找到人的外在關係的原因，而且找到自身的文化心理結構上的原因。

劉再復

中國傳統是一異質而多采的文化體，其中自有與現代化相應相斥的因素……一個像中國的古文明要現代化，無可避免地必然從傳統蛻化、轉化而來……

金耀基

二百年前的詩人哲人，懷憂患的心站立於傳統與現代之間。

二百年後，人們仍在尋找悲劇的原因，或在提供不同的路向指標。人們仍站立於現代與傳統之間。

二百年後，悲慘無道的現實仍然窒息著大地的生機；而過去了的二百年，不少人材在最黑暗的日子，已經捐棄奉獻了他們的年華。

二百年後，辛勤的農民仍與天災相伴、無緣於文字；知識分子仍與孤獨為伴，在自覺與不自覺間，選擇了「下海」。

生於二百年後，我不敢說我是大時代的人，我雖有夢，但不敢自鳴清高。我雖首肯植根於本土及傳統，但不能不承認，我只是在傳統與現代的夾縫中的一個平凡人。

並不是說作平凡人就沒有難處。平凡人不單要面對不斷轉變的時代、要了解自己的孤獨，他也當知道平凡與庸俗只差一線。

在教會中，相信有很多不甘平凡之輩。有時生活惱人，未必就能自植，更遑論上下古今的道說歷史及傳統。那樣，由平凡走向庸俗就漸漸的變成事實。

因此，我能在這短小的篇幅談談我的靈程、分享一下我的心願，我的夾縫比其他人寬得多了，但在這個比較寬闊的內心天地，有時又被人生的各種悲慟充斥而變得狹小。

現在要學習的，就是奮鬥與接受的道理。站立於傳統與現實之間，勇敢的去投入個人及羣體的轉化，勇於接受在此過程中的孤獨及失敗。

平凡人當有平凡心。有此平凡心而無視於個人的成敗得失，人就開始更靠近神，並忽然發覺在任何夾縫中仍然可以仰望的真理。

可愛的家未必物質豐厚、可忠誠的國也未必是經濟繁榮；只要在一室中能相親相愛、只要在所生長的土地上呼吸到新鮮的空氣，自由地沐浴在藍天和陽光下，這是幸福的。我們卻追求另一種「幸福」。

從異鄉到家鄉

煙迷霧鎖的碼頭，天連海的一片無際的白。抬頭熱烘烘的咖啡，還有盧雲的日記，人卻在想著蕭紅的詩——《從異鄉奔到異鄉》。詩人身世的坎坷，自不待言，但震撼我的是一連串的回憶及憧憬，歷久不息。

二十年了，我以為王尚義早已被忘懷。但那天晚上甫讀到詩的第一句，便想起他，淚水便奪眶而出。其實，早逝的王尚義未必和蕭紅的破碎經歷相同；把他們和其他的中國詩人詞人並列時，卻忽然看見一個一個的流浪者。蘊藏在心底的王尚義仍在說話，皆因他勾起作客他鄉的情懷。

靈魂若有回歸之處，除了天堂之外，該是回憶的旅程吧。進入回憶的隧道，重遇心中的自己，有一種說不出的釋然和感觸。釋然的感受像歸家一樣，感觸則隨著回想的一點一滴而迸發。相信詩人作者們都是在釋然及感觸的張力下持續他們的旅程的。雖則，這種張力的自覺 (consciousness) 帶給他們更大的撕裂、痛苦，但他們仍忠實的獨航。感受過這種張力的人，就必會對終年流浪的中國魂有更大的共鳴及愛顧了。

異鄉的感受、張力的意識並不受時空限制。生活在自己的土地上的詩人，也可以是流浪的異鄉人。這該是何等的失落呢？！「從異鄉奔到異鄉」——我讀不下去，這句子把我拘禁了。眼前展示一幅一幅的圖畫，一個又一個的亡魂。自盡的王國維、被貶的杜甫、「天問」的屈原，還有獨愴然而淚下的陳子昂。從異鄉奔到異鄉本來就是個不斷的循環，一代一代的延續下去，一生一世走不完的路。雖然活在自己的土地上，卻無法感受到家應有的釋然及溫馨。

終此生，我只能與蕭紅和王尚義一樣成為過客，他們擁有的單純、深情及誠實等氣質，又或者是他們在孤寂的流浪中的真摯表白，都在邀請我和他們共同去尋求人生的真相(the reality)。至此，我看到藝術、文學的昇華境界與靈路心旅(spiritual journey)實有一共向。其實，人生的真實寫照是流浪過的人才能體會的。在無常及多變的程途上，流浪者漸漸覺醒到旅程中的張力乃人生之真相。這樣的覺醒和朝聖者自承生命必須有一超然的同在是相近的。二者都承認異鄉的事實，但又不約而同的尋求一家鄉。

此刻，我必須繼續我的旅程。我並沒有藍圖，也沒有答案。在人看來，我將歸家重踏可愛的土地，我將擁抱可愛的人羣。但若不體悟從異鄉奔到異鄉乃恆常的心境張力，是絕不能自覺從異鄉到家鄉的迫切及真實的。不過，你既然也是在這小島出生、成長，又作過各種不同的夢、不同的理想，你我的心路也該有同樣的紡線吧！筆墨雖不能形容盡致，又豈能說沒有共感與共通呢？

一羣海鷗飛過，使那淒清的一片白添了點詩意。我忽然發覺佇立在碼頭上的人羣變得可愛起來。若換上一杯水仙或菊花似的茶，又會有一個怎樣的感覺呢？

(寫在溫哥華)

家人的離去使你難捨難離，家庭的不和諧使你痛苦莫明；但在似乎是無可彌補的損失中，我們可以選擇懷怨，也可選擇回憶曾相聚的美，回相曾共奮鬥的甜；這一點一滴的昨天將是你生活下去的助力，不單使你在今天和明天對家仍然有合理的憧憬，也使你的焦點緊緊繫於祝福而非挫折。

靈糧

無書的世紀

我愛讀書，有很多書我都一再翻閱。《時代論壇》做的一個調查，謂讀書人愈來愈少，我不禁悵然！

我相信一個人對書的鐘愛程度與他表達出來的生命息息相關。好的書像好種子，撒在心田，結出好果子。

何子江的《燃夢集》常擺在案頭，單看每一篇的題目已高興得不得了。再看內容，的確道出了一個深雋的心靈境界，所帶來的共鳴也歷久不息。自從讀了黎海華在《時代論壇》寫的那篇「無詩的世紀」，希奇它帶給我心靈上的震撼——真的是無詩的世紀嗎？抑或無書的世紀呢？兩位的確都是對書有情的人。

二十多年來，我已習慣睡前閱讀；走到街上，亦例必手執一書，在人羣的喧鬧聲中，我怡然自得的拿起心愛的書，細細欣賞。當年的漢口道文藝書屋已不復存在，但站在那裏「打書釘」的情景依然在目。今日，似乎仍有不少抽空到書室看書的人，但問題是他們看的是甚麼書。

無書的世紀並不是我們缺書，而是書籍市場大氾濫、書籍的大屠殺，人們只愛看直接刺激官能及有即時效果的書，而無心於反思與共感。細看那些暢銷書，不禁嚇了一跳。不是甚麼速讀，便是一些只顧「文化取向」的書籍。吳思源說「人希望有一種有深度文化和屬靈的培養」，各大書商的「文化取向」與此聲稱卻是截然不同。

我承認我憤怒。但靜下來時，我會想我是否「老套」？是不是巴金的《隨想集》就一定好？是不是必讀錢鍾書《圍城》？沒有看過三蒲凌子的《冰點》就遺憾人生？⋯⋯我沒有答案！

前幾年，我非常忙碌困倦，速讀了聖經，便上講台；速讀了神學，便去教主日學；速速的靈修，便和人分享生命。我相信今日的信徒在各種困境中，需要的是休息，反思生命，打開心靈，而不是速讀。這是我自身的體驗。但多少教牧能被釋放去作一個真正的讀書人呢？我為自己感到慶幸。

細想之下，我亦不應太失望，因為仍有很多愛書愛文字的人。管仲連的詩情畫意、劉兵兵的「扺死」(一針見血)、立中及孟賢對反思的執著，還有小麥子與蘇美靈。雖然我不盡同意他們的觀點，但直覺得他們的文章有血肉，是真正的生命。有生命的文章能成為古典。這是我深愛屬靈古典(spiritual classics)的原因之一。我亦時常提醒自己，禱告的寫，好好的寫，莫空佔篇幅，自說自話。

得失之間

很多讀奧古斯丁《懺悔錄》(*The Confessions*) 的人都會看到一個懺悔者與神重遇後那種興奮、感謝及相逢恨晚的感受。有更多人談奧古斯丁時，焦點集中於他的母親曼尼加 (Monica) ——那位為他悔改而禱告的母親。但很少人注意到《懺悔錄》中那個獨行、掙扎、呻吟的孤寂靈魂。

一頁一頁的心靈表白躍然紙上，背後卻是深度反省所帶來的切身之痛。當心靈成為一戰場，苦無出路之際，又變得焦躁、惶惑，很多的反應都只求順心隨欲，再不顧真、善與美了。

當奧古斯丁自覺得這種失真的危機，但又被欲網包圍之際，他曾選擇沉溺與麻木。然而，從沉弱轉向玩世、不羈，只不過是暫時隱閉自我。到生命再被揭示，往事從心泛起一幕又一幕，會把人震撼得四分五裂。

洞悉生命的無常，復有摯友的安慰，已可說是無憾。但失意人的獨特失意經歷，未必得到充分的了解。雖然同是天涯淪落人，各人仍要走自己的路。

牧養生涯中，常聽到同工因事奉未如理想而退下火線。相信更深的原因是心靈戰場的「暴力」。從失意到回歸看似自然，但實質是坎坷不平之路。我能說我明白同道們的失意嗎？我不敢。既然如此，我的掙扎也未必為人盡明，那樣，人生愈是向內尋索，愈是孤苦。但人生的意義亦在於此。在似乎是迷失及錯失中，人轉向去尋找並得回真正的自己了！

因此，不少對靈程心境有深度體會的聖徒，都非常重視自我的了解 (self-knowledge) 與人生意義的關係。對靈程學 (spirituality) 有雋深體認的梅頓就曾說：「救恩的要義就是個人對真正自己的發現。」(“By salvation I mean first of all the full discovery of who he himself really is.”) 這種看法和奧古斯丁《懺悔錄》中所要表達的非常相似。

中國的讀書人則往往在大自然的山水之間尋求生命的解脫。登山涉水，尋幽探勝後的感受往往見於詩詞歌賦。(唐宋詩人受禪宗影響，頗能道出箇中意境、心路。) 但對於心靈戰場那種逼真的掙扎仍以含蓄的筆觸來表達。因此，很多惶恐、孤單、痛楚都融入了他們的作品中，但仍以描寫外物以比喻內在的心境居多。馬致遠的《秋思》就是一例，杜甫的《發秦州》也是一例。

無論如何，中西聖哲都認定「真」的重要性。在神面前的自我告白，抑或是念天地之悠悠而對自身有所感悟，都是善和美的。真善美既是理想，也是現實；是浪漫可追尋的理想，也是悲痛、不可即的現實。於是，誠實 (honesty) 只不過把人推到更搖搖欲墜 (vulnerability) 的境地，但人於此時與真誠相遇了。

耶穌說：「真理必使你們得自由。」這自由是要實踐的人去體驗的。但最重要的體悟就是認識及接納真正的自己。

今天晚上，我在孤寂中，在此孤寂中我想起很多我親愛的朋友，我衷心祝願他們勇敢的獨航於變幻多端的心海，抬頭注目定睛那位對我們情有獨鐘的神，那位降世為人的耶穌基督。

這世上最美麗的詞語是甚麼？我說是：默觀！靈程的初階就像剛剛認識的朋友，但靈情深入時就像深交、並漸有默契，而靈程深處則充滿了默觀的凝視、讚歎與欣賞。操練默觀的人會越來越認同基督的救恩、上主的創造及聖靈用說不出的歎息為我們代求的愛情。默觀卻不是純粹是主動的，因為我們凝視主之先，祂早而看著我們，在我們看不見的時候，祂仍在看著我們。

不是書單

最初讀的靈修作品竟是金碧士的《效法基督》，這本名著是信主後三個月洗禮時教會送的。他們也太看得起我了，當然看不明白。後來重看，仍要慢慢咀嚼、默想，但的確是好書。

初信不久，我就讀倪柝聲的《正常基督徒生活》，但被一位可敬的導師看見了，說了一句「小心點啊」，我便竟放下了，不再讀他的作品，後來才在倪的《十二籃》及其他作品中體驗到這位屬靈前輩的生命。

讀神學時，最常讀的是慕安得烈，一本《住在基督裏》看過幾次。後來，又陸續讀了不少陶恕、摩根、司布真及清教徒如巴克斯特(Richard Baxter)的一些作品，心中很渴慕及敬仰他們的生命。

牧會初期，靈修書讀得比較少。直至讀到盧雲的《頌主慈恩》，心中有很大的認同感，然後就一本本的讀下去。我特別喜愛他札記(Journal)式的行文，細膩感人的筆觸躍然紙上，使人時而低迴，時而振奮。要介紹，我想我會選*The Road to Daybreak*(編按：中譯本為《黎明路上》)、《別了，母親》、《心應心》幾本。不過，又豈只這幾本呢。

梅頓的書至今少人翻譯，但Paulist Press作為梅頓作品的出版商，卻是大力支持。無他，都是好書。《七重山》(*The Seven*

Storey Mountain）固然好，但不妨看克寧漢（Cunningham）編的 *Thomas Merton: Spiritual Master*，相信必有收穫。另外，Carmelite, Loyola, Ave Maria的出版亦可參考。

對於靈程學有濃厚興趣者，必定要讀Crossroad出版的三大冊*Christian Spirituality*，編者都是高手呢！若仍「未夠喉」，就必定要讀Cistercian Publication的出品，CS的出版不單內容扎實，而且是專題的學術研究，亦是本本好書呢！

若從實用角度看，荷桂特（Joyce Huggett）的幾本書：*Listening to God*（編按：中譯本為《躍入汪洋大海中》），*Open to God*（編按：中譯本為《主啊！請說》）等，也很有幫助。此外，基道出版的《禱告良朋》系列可以說是中文譯著中頗有水準之作了。

要數下去，古典如茱莉安、聖文德、伯爾納、約翰．愛德華……真是數之不盡。

不過，文章是自己的好。所以說了這麼多，還是要介紹一下自己的《靈根自植》課程錄音帶（香港：循道衞理出版發行），以及《靈程．旅程．心程》錄音帶（香港：基道出版社），希望你也去聽聽，指教、指教。

靈程是你日常生活、禱告生活和內心世界的總和。所以靈程的挑戰必定和旅程與心情有關。哲學家以心靈去明白生存的真相、文學家以心靈描寫感情世界的複雜，在旅途中落實地生活的人也會覓得生活的智慧；但唯有帶著心靈行走旅情的人，可在他／她們的靈和程中找到生命的智慧與愛情。

變幻中的英雄與凡人

他們都是美國歷史上影響深遠的人物。他們關懷社會、提倡平等、自由、博愛、尊重人類、實存地過自己的人生。

他們就是馬丁．路德．金 (Martin Luther King) 的梅頓。據說，他們是打算在一九六八年的夏天見面的。誰知，金在春天被刺；而梅頓呢，怎樣也不知道他自己在秋天會意外身亡的！

一位牧師、一位神父——在相若或不同的程度上，深刻的塑造著他們那一代的心靈，是如此動人，令人難忘。

金的著作不算多，但他的講章卻是非讀不可的。在他著名的講章*I have a Dream*、*Letter from Birmingham Jail*及臨死前一天演說的*I've been to the Mountain Top*中，我看到身體力行的基督徒理想和永不言死的熱誠、盼望與堅持。(可參有關金著作，J. M. Washington ed., *A Testament of Hope: the Essential Witings and Speeches of Martin Luther King, Jr.* (San Francisco: HarperSanFranciso, 1991)。)

對於這位從波士頓回歸南方帶動民權運動的精神領袖，我在敬仰，及期望中國教會能夠有這樣的鬥士之餘，也多少帶著一份歉咎。

這份歉咎是由於自覺到一己不能像馬丁．路德．金那樣全然委身於街頭埋身肉搏式的抗爭。書生論政畢竟與臨場考驗截然不同；論說十字架與背十字架也是兩回事。

因此，我討厭在建制中的高位者——他們大可以討論革命先烈、上山下鄉、社會再造，但他們沒有真真正正的住在他們中間。

雖然我和不同階層及背景的人都分享過生命，我仍自覺和金牧師的投身相距甚遠。但我想我比那些不肯承認自己懼怕及不足的人來得誠實一點。或者是這樣的緣故，我對梅頓誠懇的自我觀照有非常深刻的認同。

在他的自傳《七重山》中，我看到的是一個有血有肉的人。克寧漢更在*Thomas Merton: Spiritual Master*的序言中稱梅頓為神父、作家、神學家、社會評論及精神領袖。我們在他的一生中，的確可以見到這幾種身分不斷交織地發出火花。

梅頓卻不是這樣稱呼自己。他告訴我們，他並不是那位好撒馬利亞人。他也是個被打傷的人，和其他傷者一起躺在路旁而已。和馬丁．路德．金一樣，他沒有高舉自己，只是強調愛與和平，與認識自己 、認識神。

或者，在懷念這兩位在精神及心靈上革新改變了整代人的領袖的同時，人們會期待更多這樣的「英雄」人物。

我的想法卻不是這樣。與其繼續偶像化或浪漫化他們，不如問問他們有甚麼值得我們效法；又有甚麼我們可以坐言起行的。這樣，我們或者能在變幻的世代中繼續踏實的生活，於心無愧！

靈修師父告訴我們：禱告是無助時的呼喊、是孤單時的渴慕、是絕望時的摔交、是被深深接觸時的崇敬、讚美與感恩。你未行到水窮處時，或者真的未能體會禱告，但你總可以開始操練坐看雲起的。對嗎？你說我該怎樣開始？我的回應是：謙虛、默然、去聽與看！

溫柔與豪情

曾共挽手豈怕崎嶇，曾共勉勵那懼興衰，
抹乾心中點點熱淚，再思家國莫顧慮，
春風也許不再吹，清心那可得永許，
在這島上默然灌慨，把握知識與忍耐，
高聲唱出心裏新歌，不畏路障洗掉過錯，
奮起肩擔社會重任，勇於挑戰命運，
困境要突破，為眾生堅守志向，
黎明在即，且看，旭日漸上。

調寄《歸來吧》

以上這首歌的名稱是《豪情依舊》，是九七問題剛剛開始不久有人填的一首歌，內容很有意義，也很配合我當時的心情。

三十歲時談豪情想必是勉勵自己青年時期的雄心壯志吧；但四十歲的中年人仍談甚麼豪情呢？勵志奮鬥在任何時代，無疑都是需要的，但我們這一代人，大概還要加上一點溫柔。

溫柔和豪情實在是一個銀幣的兩面，相依為命，缺一不可。很多人歎息無復當年勇，其實少的未必是勇，而是一份溫柔。溫柔的接納失敗，溫柔的從起點再開始。

范甘 (A. van Kaam) 在其名作 *Spirituality and the Gentle Life*

中要道出的正是這一代缺乏的溫柔。對他來說，溫柔與靈程息息相關，因為溫柔意味著敏感於神聖的同在 (divine presence) 的一種意識。

雖然覺悟到自己的無知、殘缺，但又同時經歷到自己在神眼光中的珍貴；雖然反省到自己的貧窮，但又同時看到神的富足；雖然體會到自己的無能，卻又同時經驗到神的大能。

因此，溫柔就成為一種韌力。它的韌度因我們的自覺 (self-awareness) 和神覺 (Jesus-awareness) 的交替出現而不斷加強。然而，這種經驗不單是在靜中得之，而是要在活動中去經歷及尋覓，如此這般的溫柔才有深度。

「六四」周年紀念過去了，堅持追求民主、自由、人類尊嚴之鬥士，仍然豪情依舊。這是可喜的，但要持續的走下去，面對社會轉折的很多陡坡，溫柔仍然是不可或缺的生命質素。

「引刀成一快」，我們固然可以大無畏的殉道，但更重要的是效法基督的溫柔；祂在默然的聆聽中清晰的知道神的呼召，及默然果斷的走上各各他的路。

基督既然選擇默然的、溫柔的上路，祂就沒有再讓祂的痛苦及內心的種種掙扎纏擾祂。祂在園子裏的禱告已清楚的告訴世人，溫柔與豪情同樣都是生命的抉擇和操守。這個抉擇固然是莊嚴的，但也未必是為人所知的。今天，當我們選擇被神知道，作一個無名的跟隨者，當每一個人都溫柔及豪情的前往時，我們便不再是奢談曾共挽手，而是切實的靈根自植了！

我曾以為靈程只是退到隱密處，以與主共融聯合為目標。我知道這實在是好的。但我若不能在安靜時想起眾生、在羣體中仍能獨處，復將禱告中所思所感化所愛人的情懷，我的靈程是可以變得非常自我中心的。

重價的同情

有一些書，你是讀了就永遠不會忘記的。鄭愁予的詩，白先勇的小說。「那達達的馬蹄是美麗的錯誤……」——至今難忘的佳句；吳漢魂、錢夫人、李彤——至今難忘的人物。

但真的要選一個我特別喜愛的，除了巴金之外，我想我會選陳映真的。

讀巴金，就如人親歷其境，對他描寫的封建社會生出強烈的不滿。你讀得出一個知識分子的良心，對他所處的時代發出的不平鳴。

巴金和陳映真都是擁抱熱情的作家。「要掏出自己燃燒的心，要講心裏的話。」不單是巴金的寫照，也是陳映真的。

「讀者卻發現到隱藏在那背後的熱情之火焰，那從古以來惟一溫柔著人類的心身的東西——同情和愛。」陳映真在早期的作品《將軍族》、《一綠色的候鳥》和《麵攤》等好幾個短篇中所流露的正是這份同情與愛。

而同情與愛是稀有的，不論你是作家與否。

同情與愛不似溫情。溫情雖然對社會上的不公義和被貧困煎熬的人施予了「同情」與「愛」，但仍然是抽離的、廉價的、安全的、不傷及己身己心的。

劉紹銘在《陳映真選集》的序言中指出陳映真描寫的人物

是「充滿愛心的——只不過這顆愛心已經受傷……並且是一顆對痛苦、對人如於人的殘忍特別敏感的心。」

另一方面，我們從陳映真後期的作品中，也可以看到他更成熟的思想及人性。「一個文藝家，尤其是偉大的文藝家，定是個思想家……這思想，一定不是那種飛馬行天不知止的玄學……(而是) 用他們個人的愛情和悲憤、用他們的行動和銳利的思考、生活在現實的最中心……」他實在是身體力行自己所說的。

雖然劉紹銘認為，陳映真還未曾創造出一個經得起風吹雨打的人物來，我卻更珍惜他那顆單純的愛心和良知。事實上，能經得起風吹雨打而仍能保持這種赤子之心的確不多。二者擇其一，我或會寧願選擇後者吧。

可歎的是，我們並沒有真正擁有過，及真正活出過這兩種生命的元素。大部分時間，我們都停留在講及討論的階段。雖然如此，我們也不會變得特別可惡。但是，我們不得不承認，我們是徹底的「溫情主義者」，和偽善只差一線吧了。

那樣，我們必須問：基督教的文字工作是使我們醒覺於自己的不足、缺乏同情和愛，抑或只是提供另一種「娛樂」呢？

陳映真為了他的理想曾身陷牢獄達七年之久。我們或許不必效法陳君。基本上，每個人的呼召也不同。但是，今日若我們只是安慰一下自己的良心，履行一下我們的責任，我寧願說：「心靈貧乏的人有福了！」

靈程預設了無數次的歸回和無限的憐憫；有些人會被自己的敗懷壓得太重、罪疚重重。有些人會被自己的道貌岸然欺騙，還將重擔加在別人身上，這些誤解都是因為只聽聞恩典，而未曾全然的經歷無條件的恩典。基督釋放了我們、我們是自由的，所以也可以自由的選擇歸回。

失控的禱文

Pathways of Prayer——一本純以禱文為內容的作品：綠色的封面，中間一幅風車的照片，帶給人寧靜柔和的感覺。和其他禱告的書顯著不同的是，作者蓋斯（法國作家）把解說減到最少，每篇禱文前的序言和之後的經文都配合得天衣無縫，更是它的一個特色。

蓋斯選擇了以禱告直接與讀者分享生命，而不分析或論述禱告究竟是怎樣的一回事，我認為他是選擇了與讀者一起經歷生活本身的真貌，而放棄了刻意的控制讀者。

翻開了第一頁，我便一篇一篇的讀下去。讀的時候，就正如蓋斯在引子中所說的：「這是你們的禱文，而我所寫的只不過是對你們的禱文的回應吧了。」

有不少書我是看完再看的，*Pathways of Prayer*便是其中的一本。蓋斯描寫生命的筆觸，來得自然樸實。雖然沒有佈局、主角及吸引的情節，卻是實際生活的默想與反思。那種感覺就像在讀自己的心聲及禱告一樣。

由人的無能感到神無限的寬恕、由死亡到失業、由馬路上的工人到廚房中的主婦，蓋斯將都市人的心情描寫得非常真實而透徹，卻又不失深度。

神學家喜歡寫一套又一套的作品，信徒卻喜歡聽一場又一場的講座，牧師喜歡一羣又一羣擠擁他的人；某程度上，這都是要控制、要掌握、要有「得著」！

轉頭看詩篇，發覺希伯來的詩人們都是「失控者」，他們在急難的網羅中，雖然上行朝聖，卻並非完全控制局面。他們只是說：「我的心等候主，勝於守夜的等候天明。」所以，他們掌握的是行奇事的主，而不是喝采的聲音。

在失控中，詩人卻漸漸體驗到，神開始更深的掌握他們的生命，他們逐漸看見神浩瀚的恩典了。

然而，失控仍然是駭人及不安全的。在這個講求雙重保障——天上及地上的「福」——的年代，據理力爭或「軟弱可憐」的人都可能是控制者。人心難測，控制者就更花樣層出不窮地來控制自己及他人了。

如果生命是一篇禱文，你將怎樣寫你的禱詞呢？我盼望你的禱詞充滿感恩，但我同樣希望你的禱詞有更多的生命真相，就算是失控、失落也好。以失落和失控作為禱告之內容，其實是一種誠實及負責任卻又不自憐的態度。

為甚麼你的禱告生活停滯不前呢？可能是因為你仍然活在自我的童話世界中，奢求去控制策劃一切，而仍未開始實事求是的生活及禱告吧！

我們的主耶穌稱呼我們為朋友。朋友讓我想起祂是我們的同行者、是伴侶；祂好像是伸手拖帶引領我們似的。但我們真的滿足於與祂攜手嗎？抑或我們也喝求：願你與我親嘴呢？靈程的突破的要求就是你革命性的全心全意的進入祂的同在、誠實的祂認信祂就是大君王、全能者、並像詩人對神說話一樣：「我的心腸、肉體向永生神呼籲…我的好處不在你以外…我一生一世必有恩惠慈愛隨著我。」

你告訴我你的禱告生活沉悶，你的靈修生活得不到甚麼；你這樣說時好像在告訴我你在作一件事似的。或者你該放下做事與進展等念頭；開始問一問到底我有沒有遇上了祂、聆聽到祂。當你放下尋求答案的心態，開始安靜下來專心去聽；你和神的相交與對話將帶給你前所未有的滿足。

朝聖

獨釣寒江雪

談安靜而不談等候，有時會使人錯覺地以為靜的境界是唾手可得的。實質，等候如獨釣寒江，有時會經歷漫長、痛苦及不為人知的期望及尋索，望盡多少個天明。

等候本是一件最自然不過的事，每天皆經歷，一生中不斷的體會。候車、候船、候人是短暫的等，候死、候生卻是漫長的等。戀愛是甜蜜的等，失戀、失自由是痛苦的等。只有一種等候無法被取代：只有等候神使一切改觀及更新，賦予所有的等候以嶄新的意義。

詩人說「要等候耶和華」。在聖經中，等候有消極的意思——意味停留、不動，甚至是延遲。等候也有積極的一面——意味尋求、期盼神必臨的救恩。神對人的回應就是等候，叫人停在祂的面前，而又不失去信心。原來，等候 (waiting) 的字根含有張力 (tension) 之義。你和我都是在焦慮及困苦的張力中等候，有時消極的哀求，有時積極的昂首。正如生產痛苦非常，但又極有盼望。

寒風雪雨的張力，搖撼無數孤舟。但若只見外在的張力而不見心之張力，則可謂忽視了人生掙扎的真正狀況。等候時張力有增無減，你於是明白在靜中的嘈雜聲原是真實的，那是你心靈的迴響，告訴你等候的旅程是漫長及孤獨的，迎向不斷的開放 (openness) 。

等候的第一個功課就是坦承內心世界的複雜、需要被光照，但在張力的撕裂力量中，你亦需要一安頓，此安頓即調心。「我終日等候祢」，「我的心默默無聲專等候神」，實在是指到人應有的心境及自覺，提醒自己在張力中的瞻望。與其徬徨吶喊，不如在靜候中聽見。

瞻望即定睛或將注意力集中之意，但要培養這種隨處隨事都想起神的習慣，的確不易。要操練到自然而然的想起祂，視祂如情人一般，等候的心志不可少，等候的內容也必須留意。將等候神放在最優先的地位，認定祂是你藏身之處，該是日日新的心志。不單傾訴感受、失望、憤怒與哀愁，更是訴說愛情、告訴祂：「我願意與祢一起。」

等候使你明白自己的軟弱及無助，但持之以恆的等候神，你就能在人生各種不同的等候中不致亂了方寸。相反，無意義及急躁的「反彈」(reacting)，只會帶你進入張力的漩渦。

等候的第二個功課就是突破時空的限制。不為自己定時間表的想法，對後現代人來説的確頗為駭人，但事事為自己設下死線，正是我們的致命傷。初初學習等候的人常問，要等到何時。這種不願意等及因等候而帶來的急躁是可諒解的。但如果明白信仰的開放是意味著不穩定，則在此人生中，我們可能永遠是孤舟而無法靠岸。朝聖者 (pilgrim) 不僅是客旅，更是異鄉人即此意。明乎此，又加上實踐，就能慢慢突破時空，不執著於既定目標了。

挪亞造方舟時被人恥笑，但他堅持等候；馬利亞懷孕時擔心約瑟是否接納，但她肯等候；施洗約翰謙卑的等候基督，所以他說：「祂必興旺，我必衰微。」他們都是無法控制形勢

(甚至可以說是失控)。

無法預知確定前路的人,正如詩人一樣,只有「一件事」(詩二十七4) 縈繞他們的心懷——等候耶和華。他們自然而然的想起神,皆因獨立蒼茫已被視為必然,張力未必等於神的慈愛窮盡、應許廢棄。

未來的日子還有很多等候,你知你在等甚麼嗎?存在主義者畢格 (Samuel Beckett) 寫的《等待果陀》(*Waiting for Godot*) 是要説明人生的荒謬性。那位直至終場都不出現的果陀是神或魔鬼也好,人的無奈及恐懼卻是真實的。人生的悲劇性亦在於此。和等候耶和華恩惠的眾聖徒相比,存在主義者的盼望是沒有結局的。或者説,他們等候的結局就是悲哀的現實 (the reality of sadness)。有時你過著不為人知、亦不被注意的生活,在艱苦孤寂的旅程中徘徊,你也嘗過這悲哀的現實。但你若操練至自然的想起祂,以致你在任何環境中都有一自覺及敏感度,你就會有一健康的心境。這健康的心境就是——我們的等候,是要接受耶和華的恩惠,並不是白等。

此際,你若在困乏無水之地不斷地尋找路標,請不要忘記,你實在只有一個路標。若你是昂首歡呼的朝聖者,又或是落泊迷失的孤哀子,你應同樣持守一等候的心。為了你與祂的愛情,你更應學習在沒有指望中的等候。在千山萬徑的旅程中,你不要以為幽谷的等候是無益的。只要你肯停留,進入這等候中,就會看見及聽見神。要緊記神要的是你,而不是你所作的。神願意你經驗等候及成長。試想想「等候耶和華」成為你的座右銘、成為你的心思意念、成為你的禱告是何等美的事。

十二世紀的伯爾納提醒我們：在等候中應想起旅程的目標是與眾聖徒的相聚，並且這種心靈的繫念是必定會實現的。在今生的旅程中，朝聖者要認定自己是一個過客。因此，伯爾納用「歇息」或「過渡」(interim) 來形容在世的旅程實在適合不過。這過程毋寧是充滿困難及掙扎的。

但是，使我們希奇的是，伯爾納最常用的字眼或觀念，竟是渴想 (desire) 與愛情。今日，我們卻不是這樣。以馬忤斯路上的兩個門徒不是在談論基督嗎？但他們卻沒有看見。究竟他們在朝聖路上有沒有瞻望，有沒有等候呢？抑或他們只是好奇，渴望得到即時的答案呢？誠然，在等候中仍堅持愛情，時刻渴想並非易事。

不過，我們的主時刻的在等候我們去等候祂，這是沒有人可以代替你的。在百般的等候中，明月清風固然知道你的心，但獨釣寒江並不單是你的心境，而是普遍及真實的存在於眾人的心中。因此，讓我們共同的禱告：「主啊，祢知道。」我們亦應該彼此勉勵——「等候主就是得著一切」。在各種際遇中，你和我實在已擁有一切。

朝聖之旅

老師曾對我說：「你就是一個朝聖者。」或者，這就是我鍾情朝聖的原因。在此我想分享我怎樣學習作一個真正的朝聖者的過程，及其中的一些變化。我相信這樣會比單單研究朝聖的字義，或學術性的分析來得好一點。

朝聖與觀光（Pilgrimage or Tourism）

在正式分享個人經歷之前，我希望稍為界定一下朝聖的意義。朝聖與觀光是截然不同的。雖然在拉丁文字中朝聖最基本的含義就是出外(going abroad)，但作為一個歷史及文化的符號(symbol)來看，朝聖就成為生命的寫照。基督徒的生命寫照，必然與朝聖的目標及對象有不可分割的關係。

觀光客的目光集中在目的地；他們盼望在目的地享受一番。他們瀏覽風景之餘，或者會拍照及買一些手信或外信片留念。他們稍事停留後，就會離開，然後等候下一次的觀光。

朝聖者重視深度的生命反省，觀光客只滿足於外在的風采。像詩人的默默無聲專等候神，朝聖者認定神是他一切的好處；觀光客卻在神以外尋找屬靈的歡愉。

因此，真正的屬靈操練必然肯定第一手的經歷。主觀的靈程體驗以至於深入的自我認識，扎根於基督的禱告以至於更深入的渴慕，都是在此過程中不可或缺的。相對而言，觀光於各種課程、講座，藉此以尋找祕笈及方法，又或藉此自娛的心態，都是朝聖者應避免的。

另一方面，我必須重申的就是，基督徒是被召作朝聖者的。「我已經與基督同釘十字架」、「我們的生命與基督一起藏在神裏面」、「承認自己在世上是客旅」等經文都已清楚説明我們的身分。無論環境如何，朝聖者必須經歷與基督同釘、與基督同行的隱密旅程(或禱告歷程)，並思想天上的事。

從觀光到朝聖

生命被聖化的那一刻，曾於一月之內讀完整本新約聖經，而其中的甘甜與震盪，的確是永誌難忘的。

由信主到進入神學院的五年間，我是饑渴的尋找各種屬靈食糧，那時真是丹心一片。

但初窺神學的殿堂之後，那種隱藏於內心的好奇亦漸漸將我引往更多的智力活動中。除了一向熱愛的歷史科目外，各神學科目，特別是本色化方面的探討，都使我熱烈的投入書海及與同儕的討論中。我已不自覺的成為一個觀光者。

當我書架上關於各類神學的書籍增多時，我開始有點不滿足的感覺，於是我又積極投入各類事奉中。神學畢業時，我懷著尼希米的心志踏進工場，帶著我曾參觀過的「屬靈武器」，準備大派用場。

幾年下來，教會的確增長了，但「屬靈武器」已用盡。此時，忽然發覺自己不單無力使出「外功」，而內功修為亦差不多耗盡。這刻才猛然醒覺朝聖的重要，開始迎向錫安山，心中默默禱求。

朝聖人生的特徵

當朝聖者真正的向神赤露敞開時，他發覺自己不單是走在荒漠的路上，他更看見自己佇立於神聖的祭壇及世俗的野地中。他好像一個處於茫茫大海的人，急於靠岸。這時，朝聖者要正視人生各種張力，繼續上路。他要提醒自己：

1. 朝聖是放逐（exile）——自從亞當夏娃離開了神，他們開始了無根及流浪的人生。這種無家的感覺不單深藏人類心靈中，亦使屬神的子民勞苦歎息。追尋日光之上的事而不果的心情，正是希伯來詩人的心聲。因此，朝聖者也是流浪者。他和世俗流浪者不同的地方就是，他深深知道放逐後必將歸回安息。接受這種無法靠自己拉緊神人之間的距離，他等候並追尋不斷更新。

2. 朝聖的過程（process）就是目標——雖然朝聖者仰視十架。像中世紀的朝聖者，他們以贖罪的心情走向聖地。雖然聖地象徵神的同在及祝福，他們都明白必須離開聖地。顯然，這是個不斷離別的過程。朝聖者不能留戀於山上，他必須再出發。不單如此，他更應學習朝聖旅途本身就是目標的真理。在旅程中的磨煉使朝聖者更明白自己，更明白背十架、祈禱等真理。這些親身經歷本身就是朝聖。

3. 朝聖重意義（consciousness）多於成就——在朝聖之旅中，人應該留意到內心的變化。心境對內外轉變會有一醒覺及意識的增強。當人愈來愈清楚自己所站之地，他也更清楚該怎樣禱告及親近神。他在複雜的世情中，怎樣解開心結、重整生命的圖畫，並不是靠一套又一套的命題及方法，而是自己親身去等候、聆聽、詢問及對話。

結論

你是個坦然接受放逐人生、重視旅程及意識的基督徒嗎？不妨用這些特徵來衡量一下自己的靈程，看看自己是否不斷誠實的反思追問，及是否尋求一個真正的自己。

比起觀光，朝聖必然是一個更痛苦的歷程。但是，朝聖仍然是積極、充滿動感及欣悅的。在默想安靜中，深沉的安定更能使人重新得力，並且深度體驗與神的相交。

我在朝聖旅途中，的確發現自己更多的不足，但同時看見神更大的恩典。在朝聖途中，我不單沒有孤芳自賞，反而更發現朝聖與敬拜、社羣、文化及個人成長的必然關係。

讓我們攜手的走在朝聖道上，一起分享生命及捕捉永恆，在此充滿痛苦及質問的人生中，伸出我們祈禱的手並敞開我們憐憫的心。

有些人閱讀是為了考試，有些人是為了娛樂，也有些人是為了學識或資料。但究竟閱讀與我有甚麼關係呢？如果閱讀只有實用價值而和生命無關，大概我們要反思真正的閱讀的意義了。

讀書滋養生命。讀書帶給我自由、心安與歡愉時，也加添了洞見。常常讀書的人會明白閱讀更使人潛而默化中被深化。有些人以為這必定是艱深奧祕的大道理，但其實很多精彩的人生真理都蘊藏在簡單的小故事中，就像耶穌說的故事一樣。

修道傳統的啟迪

靜！

修道者的生命在寧靜中溢發出諧和、悠然及禮讚。修道者在沙漠、在高山或小島找到神的花園，經歷自身生命的轉化 (transformation) 和神人的親密契合。修道是文化！修道是生活——視人為朝聖者。

修道不是主義。從安多尼 (Anthony) 到帕科繆 (Pachomius)，到巴西流 (Basil)、耶柔米 (Jerome)、迦仙 (Cassian)、奧古思丁、本篤 (Benedict)，修道工夫 (monastic spirituality) 已經歷了不同的發展及改變。[1]可是隱修苦待自己的西緬 (Symeon)，他生活在六十呎的柱頂上的印象是如此深刻，使人幾乎抹煞了修道者的背景。其實，修道者是「逃離」世界的。這處「逃離」被視為拒絕及懷疑世界。但更好的說法是視之為抗衡文化。在羅馬帝國傾覆之際，也是宗教及社會日趨腐敗，異端及世俗洪流衝擊之時，渴慕隱修獨處，攻克己身的人也開始湧到沙漠。這些被稱為沙漠教父 (Desert Father) 的信徒懷著一個單純而又固執的動機——與主聯合。苦修 (asceticism) 的手段固然有其偏差，但無論是在沙漠或修院，他們如饑如渴的禱告、懺悔、聆聽、頌讚、工作，寧靜致遠的心境於焉而生。

修道院的制度化始於四世紀，在經歷各種衝擊下仍然屹立不倒，和修道者的渴慕及操練實在有非常密切的關係。

心！

修道者的心在神人相遇的過程中得到安息，正如詩人說：「我的心默默無聲專等候神。」修道者也深信惟有靜默的心才能在神裏面找到安頓之所。[2]「在神裏面」對他們來說就是整個心靈被神所擁有及佔據，因此人的心變得更清澈透明。

無疑，修道者的確被苦修煉淨的主義（如俄利根[Origen]及以華古列[Evagrius]）所影響，但當我們明白人的心靈是如何地被污染及蠶食時，就對苦修者多一分諒解。或後現代人的心靈已被太多聲音充斥，對於多元化及多向度發展的社會也變得麻木及順應，而失去了單純、欲與上主契合的心。豈不知靜心才是生命的實際顯露（apprehension of reality），煉心才能傾聽真正的隱情麼？

修道的用意雖在煉心，時刻期盼主的臨在，但並沒有將工作置諸不理。本篤會規（Benedict's rule）的聖願：服從、貧窮及貞潔，就是在每天的操練中糅合了默想祈禱與工作。他們絕對明白「馬利亞已揀選了上好福分」的意義，但在聆聽中他們也像馬大一般辛勤地工作。這一切都是跟隨主應有的表現，並要在羣體及相交中一起實行。[3]甚麼人能夠將內在與外在的生命共融呢？對修道者來說，這是一個謙卑的心可以期待的。當人的心被謙卑及溫柔引導時，他的生命已昇華（sublimation）而內外渾然為一了！

朝聖！

然而昇華仍然是一個過程，並且是一個完全降服、不斷尋找、不斷接納的過程。

朝聖者的腳蹤從沙漠到城市。在Santiago de Compostela，[4] 在羅馬，在耶路撒冷，人們在外在的旅程中尋求內在的滿足，一種超越世界的滿足。但更重要的是人在旅程中認識到自己，開始過一個真正的我（the authentic self）的生活。真正的我是釋放的，不錮於擁有；是呼求的，不靠自己；是等待神國的臨在而不斷接納神的安排。

這種客旅心態並不是二分的以世界單單為罪惡及虛幻，乃是承認神是創造世界者，而修道者的責任，就是創造及改造世界，使人從虛空的物欲「享受」中得釋放。因此，中世紀的修院是一個自成一國的世界。修道者在工作、敬拜、靜修，和從事各項種植、手工藝、藝術創作，以及接待遠人的生活中，感到怡然及滿足。他們運用了一己的自由去選擇朝聖者一般的生活，因為他們最重要所「得」在於神自己，而不在於世間的任何擁有。但同時他們在世上的旅程並不是在拒絕或享受世界二者中擇其一，而是深深體會選擇神，就得到一切的好處了（詩十六2）。

今天的修道者必須肯定沙漠的退隱是有益的，雖然在其中的祈禱所帶來的自我挑戰，並不比肉體的苦修來得容易。事實上，修道者將發覺曠野般的乾燥、炎炎夏日的焦灼所造成的不安和茫茫然不知前路。由於愛神所產生的「刺心之痛」（compunction）逐漸形成，相比之下，我們卻是急不及待的尋求滿足、成就及歡愉。但心須弄清楚的，乃是我們的煩躁不安是貪婪及自求多福的表現；而修道者的不安卻是因為在心靈的花園中找不到親愛他的神，而並不是得不著世間的福氣。然而修道者也不斷堅持他的旅程——不為甚麼，只為呼召他的神。

抉擇

今天，有太多的「朝聖者」，在好奇心的驅使下輕率的談論。觀光、旅遊、購物，各種「旅行團」及講座的哄動之盛所反映的不正是這種心態嗎！教會若認同這種被娛樂[5]的心態，神學院若滿足於建立「花園」[6]，修道之為文化及生活就被糟蹋了。

今天的城市只不過是昔日沙漠的化身，充滿著各種危險。以名利物欲來防禦，實在不堪一擊；以個人的力量去面對，也會使人遍體鱗傷。惟有堅持被召進入沙漠，又深信在城市中，能經歷上主化腐朽為神奇，我們才能繼續前進。惟有肯定退到沙漠、孤島或洞穴中尋求神的面，我們才能重新投入及參與在地上的旅程。

環境變遷，環境逼人，但修道的適切性顯得更真實。無論個人或羣體，我們心靈的黑夜實在而複雜。朝聖者在靜心的操練中，開始為神敞開一個與神相遇的空間，他的感受得到抒發，壓力得以紓緩。

今天，就開始退到沙漠，同時進入都市。記著，修道不是二者選擇其一，而是忠於在安靜或嘈雜中都能在人的內心說話的神。那樣，我們才能承受傳統中的佳美，並以神為樂。這樣做的代價誠然很大，但很值得，因為在追求靜心朝聖的修道過程中，人將明白何謂愛神，人將體會支持那修道者身體力行的，就是愛神與神愛 (to love God and be loved by God, to desire God and be adored by God) 了！現在就問一問自己：我渴慕神嗎？我肯承認我的無知嗎？誠實的回應吧，然後讓我和你一起靜心地邁向朝聖之旅。

---

1 作者無意在此短文中作歷史性探討，事實上也不可能。溫偉耀弟兄曾在《時代論壇》(一九八八年五月至七月) 有一些歷史性的論述，有興趣者可參考。

2 奧古斯丁名言："Lord, my heart is restless, until I find my rest in Thee." (in *Confession*)。

3 羣體 (community) 及獨處 (solitude) 的平衡，在六世紀後的西方修道院變得普遍，但東方仍有修道院及個人注重苦修。

4 中世紀朝聖中心之一。

5 套用楊牧谷博士的用語。

6 惟有神在人的心靈中親密的召喚及傾談，能將沙漠化成花園，所以花園不是自己可以建立的。

閱讀是生命的相遇。讀聖經的人物、讀不同的傳記、歷史人物，很多時都叫人停下來、仔細聽、看、默默的想：他們的人生、他們的時代與他們的情懷。可是，我們也走得太快了，所以我們只是匆匆的掠過生命，而沒有真正及好好的閱讀生命。

靈性的閱讀的特徵就是人心對神的渴慕與敬仰；這也是相遇。不同的靈修傳統就有不同的作品，但靈性的作品並不是古藉而已、也不是只供學者研究的材料。我們稱之為經典的作品，它不單啟發及教導了眾人在今天應如何生活，它也歷久常新的塑造了我們的靈命。

為何還要祈禱

獨白

「獨白」(soliloque)！當我第一次在魯益師一本論禱告的書，[1]看到他以這個字來形容禱告時，實在有很多不解。禱告怎會是「獨白」呢？如果禱告是自言自語的話，我們為何還要祈禱呢？若要獨白下去的話，又有甚麼繼續支持我們祈禱下去呢？

「不可停止禱告！」雖然是教會常常強調的真理，但因為上述的問題沒有得到圓滿的解答，很多信徒不是停止了祈禱，就是強烈地感受到禱告的「獨白性」。當我們在獨白中不斷經歷失望和沮喪，以致我們的靈命受到衝擊時，我們不禁問：「為何還要祈禱？」

要打破這悶局，我們必須重新認識禱告是甚麼一回事，並且學習以禱告來親近神。或者，我們不得不承認幾個使我們的禱告變得索然無味的主要原因：第一，我們太過強調主動的口禱及祈求；第二，我們太過著重「移山式的信心」的禱告——希望事事都可「誠心所願」；第三，我們太過匆忙，忙得我們連遇見了主也不知道。

不錯，向神開聲祈禱，或讚美，或祈求都是合宜的，但是有口無心的祈禱並不能取悅神。相反，被動的等候，就如馬利亞在主足前聆聽，卻更得主的讚許。

聖經中也不乏求神彰顯祂大能的禱告，而神亦以其能力求顯明祂是垂聽子民哀求的神。但畢竟我們太過著重禱告的果效或成績，以致我們幾乎忘記了主動施恩的是神。活在以成就、效率來衡量一個人成敗的社會中，我們也常常希望有速成的祈禱。因此，我們忽略了祈禱的重點是凝視施恩的主，而不是「虎視眈眈」於禱告的「果子」。

詩篇一三九篇是大家都非常熟悉的一篇詩篇。詩人提到神是一位深深認識並知道我們的神。祂等待我們停下來，進入內室，像小孩子一樣向祂傾訴；祂不願我們像以馬忤斯的門徒，遇到了主卻沒有認出祂。

那麼，我們是要學習祈禱的方法嗎？不是的！我們要學習的是與那位教導祈禱的主，在寧靜中、鬧市裏及生活中相遇。門徒是怎樣學習禱告的呢？我們的主沒有一本「祈禱手冊」，祂只是朝夕以生命向我們啟迪。因此我們也應親自來到主的面前，接受生命。

生命的熔爐

首先，我們要承認獨白是人生的真實情況。雖然獨白帶給我們痛苦，我們卻不能否定獨處 (solitude) 的益處。獨處地讀經、默念、禱告、反思，獨自的面對神，並不是尋求避難所，更不是尋找離世的安樂窩，或者「儲電」。[2] 獨處是悔改及覺悟的時刻，在那裏，你等待生命被更新及轉化。

但是，我們也當知道，更深的獨處將帶領我們面對孤寂，以至於莫名的黑暗。這種情況，尤如梅頓所說的：「一個獨處的人就是一個殉道者，他以堅決的意志來面對挑戰及恐懼，這也是一種死亡。」[3]梅頓說的不單是外在的挑戰及恐懼，更是每個人內心獨特而真實的孤寂。很多人都不願意面對這真實的自己，因為這好比生命被放進熔爐中，被熬煉淨化。那時，禱告不再是「做」些甚麼、表達些甚麼，而是誠實地將生命呈現在神的面前。這樣的禱告，像呼喊，像歎息，以至於停止，都是祈禱歷程中必定會有的體驗。

此外，我們也該明白禱告是生命的自覺。在安靜中把心向上呈獻，是要我們清晰地看見禱告不是尋找答案，而是尋找神。當生命意識到生活張力的真實性、不完整性和撕裂，生命不再追求有效率的「成聖」，而是承認外界的衝擊及內心痛苦都同樣真實。

在禱告中，我們學習詩人的傾心吐意。這種傾心吐意，就好像一個人在述說他的深情故事，是由衷坦誠、觸動心靈深處的經歷。這樣祈禱將有助我們和神進入更親密的相交。因為我們不單將事情帶到祂面前，我們也將內在的感受、潛藏的黑暗、被壓傷的痛苦罪咎，都原原本本的告訴神，然後是聆聽，默然地仰望等候並回應祂。

或者我們的問題沒有得到解決，但我們要學習接納人生的不幸及挫折，是生命中不可割除的一部分；我們要在禱告中學習溫柔的面對生命的真相，而不是「治療式」的宣洩完我們的情緒便了事。當我們選擇將生活的經驗，化成深情故事去禱告神，生命遂由失敗、壓抑、遭拒絕而轉為與神相交的前奏了。這時，我們所經歷的信心功課，就是無微不至的神在我們不知道時已尋找我們。祂是知道的！在我們還沒發言之前，祂已經以聖言道成肉身的身分臨在，所以祂怎會不知道呢！獨白誠然是我們真實的感受與體驗，但神自我的啟示，以及「我與祂」(I and Thou) 的相遇更是真實。[4]

生命的相遇

開放！讓神藉生命的經歷來教導和引導你。

對話！讓靈呼求主的聖名，仰望主的十字架。

惟有將你的生命與十字架重疊，惟有將你自己帶回各各他，默然的等候祂。這樣，不要單用理性尋找祂，不要單單尋找感受上的滿足。要知道，只停留在信條或感受上的禱告，都不能使我們更深地與神相交。神希望的是我們赤露敞開的將生命交託，放下一切的執著而專尋找神。

不錯，生命的相遇誠然是由恩典開始，生命路程上佈滿了賜福的痕跡，但甚麼時候我們只著眼於恩典及賜福，我們便失去經歷神更大賜福的機會。這個更大的祝福就是主自己。[5]我們雖在神學中、聖經中尋到主自己，但我們更應在禱告中經歷主的實在。

原來，神切望信徒的祈禱就是：「主啊！我愛祢；主啊！我渴慕祢。」這樣的表達就好像詩人的禱告一樣：「主啊！我的好處不在祢以外。」

主就是道路、真理、生命、自由、活水、亮光、真葡萄樹。飲於生命之源的信徒，難道就只祈求物質或外在的福澤，而不去接觸主自己嗎？難道我們就單單滿足於宗教的超級市場，沉醉於各大講座、會議、行動，而不去安靜及親身經歷主嗎？

生命的相遇並不是禮儀，甚至不是傳統，也不是教會定下的條文；生命的相遇必須是個人的靈程、心程及旅程（人生）。這個獨特的歷程，又必定是在個人與主相遇的歷程中，呈現得愈來愈清晰。雖然我們都基於同一客觀的基礎——聖經，也仰望同一位主，但我的故事和你的故事並不相同，我和你的禱告、反省與默想也必定有分別。我們不單無法代替別人禱告，也無法完全了解別人的禱告經驗，更遑論為別人的禱告加上諸多詮釋了。

話雖如此，我們仍需了解生命的相遇必然是合乎理性、合乎倫理的，否則，生命的相遇亦會變得「私人化」，只有自我欣賞或自怨自艾，而無法孕育出真正的慈憐了。

生命的情話

我們還要祈禱，因為祈禱最重要的表達是我們對神的崇敬及愛情。對神崇敬，因為神永遠在上為主為王；與神談情，因為神稱我為友。

我們要放下「美麗」的禱詞，放下冗長的「代求」，放下「屬靈」的偽裝及「神學」的武器，放下一切的執著，讓我們屈身敬拜，讓我們誠實謙卑的傾談，讓神在我們生命中默默工作。然而，不要自以為已進入超然境界，應當知道登山變像的主還要引領門徒往山下去，客西馬尼園的主仍要苦苦的等待在父神的面前。生命的情話固然有其浪漫的一面，在一山、一水、一樹、一花、一人中，自有生命的愉悅，叫人讚美感恩。但是，我們該知道生命的暴風更是真實無比。

那時，真情的神容許你進入生命的曠野，體驗生命的虛空無常，經歷一己的不足及無助。在心靈的黑夜裏，你若堅持心中對主的一念，凝目於恩情的神，你將化艱苦的人生為朝聖的旅程，你成為主真正的情人，你變得更成熟了。

不過，這並不是屬靈旅程的唯一一面。在雅歌中所表徵的神人之愛，以及新約中新郎新婦的比喻，都在說明人神相愛的屬靈觀(God and I Spirituality)。[6]不過，我們應當緊記：是「神先愛我們」。

或者，你仍會向神提問：「我需要祢的時候，祢在哪裏呢？難道祢不知我在寂寞及冰冷的黑暗中嗎？」但是我深信，若你安靜，退到主前聆聽，你或者會聽到：「你是被深深愛著的，我不在時，寒風使你強壯，就算在最寒冷的日子，我仍住在你裏面；在你還沒感受到如春天的暖意之前，我已使你自由，使你成長，這種改變在生命的深處成形以至於成熟了。」[7]

結語

最後，我們或該說，不是我禱告，乃是神在我裏面與我相遇，為我祈禱。不是說我該怎樣禱告，而是相信神藉安靜以禱告塑造我們的生命。祈禱若有能力，是神的能力；祈禱若有成長，是神愛情的滋潤。

祈禱若是聆聽神言，是對心說話，那麼祈禱該是你獨有的經歷。

---

1 C. S. Lewis, *Prayer: Letters to Malcolm* (London: Fount Publications, 1964).

2 主耶穌的退隱，使徒和教父的榜樣都說明獨處是為了愛神和愛人。真正的獨處只會使人更近神，更愛鄰舍。參Thomas Merton, *No Man is an Island* (New York: HBJ Book, 1995), pp. 244～253。

3 同上。

4 有關這方面的討論，我誠意向讀者推介一本非常有價值及深度的作品：Hans Urs von Balthasar, *Prayer* (San Francisco: Ignatius Press, 1986)。在書中，他強調神首先發言及三一神的愛和恩典是不斷祈禱的動力。

5 在福音書中，特別是約翰的信息，有許多篇幅都提到人接受的是生命的主。耶穌呼召人跟從祂自己，祂說：「來跟從我。」(太四19) 父神說：「這是我的愛子，你們要聽祂。」(太十七5) 可參考Joyce Huggett所著的*Listening to God* (London: Hodder and Stoughton, 1986；編按：中譯本為《躍入汪洋大海中》，台灣：校園) 及*Open to God* (London: Hodder and Stoughton, 1988；編按：中譯本為《主啊，請說》，香港：基道)，當中教導我們聆聽主自己，及如何實踐向神開放生命。

6 參Michael Casey, *A Thirst for God* (Kalamazoo: Cistercian Publication, 1988)，特別參考本書一九一至二四三頁。

7 參Mary Fahy, *The Tree that Survive the Winter* (New York: Paulist Press, 1989)。

你用左腦讀巴特、用右腦讀盧雲、用直覺到幾米……對嗎？不對，因為一切的閱讀都邀請你全人的投入去欣賞與品評。這樣，你就該訓練自己以愛情、理智及單純的專注去閱讀。情理並重的閱讀將真理與真相調校於適當的焦距、使我們不致太自高、也不致太激情。

全心全情的唯愛者——茱莉安

細讀茱莉安作品的人，都會承認她是最優秀的作家。她傳遞的是感人至深的愛。她力透紙背的文字，不單道出一個屬靈的信息，並具深厚的神學基礎。

巴特妮[1]

最近數年，「旅客」不單成為我個人的屬靈生命標記，我也深深的體驗到我是在旅程中。更大的發展是旅客這個記號是超越時空的。茱莉安就是一位中世紀的旅客——在她朝聖的歷程中，她活出的是一個與時代共憂患、與人類共痛苦、與上主共融的生命。

我與茱莉安「同行」的日子，是充滿著希望的。帶給我前所未有的光明的，主要是三個很獨特的標記：第一是她對愛的整全經歷，第二是她對希望的詮釋，第三是她對自己的認識。這三點穿梭於《神聖之愛的啟示》(*Revelation of Divine Love*)一書中，也構成了這位十四世紀的隱修士的默觀旅程(contemplating journey)。

然而，我相信，對安靜的禱告及心靈的探索缺乏體驗的人，將難以完全明白這位集教父及中世紀靈修大師的精粹於一身的旅客。以下，我以祈禱及仰望的心情來嘗試闡釋以上三個標記，旨在說明這本偉大的作品為甚麼影響深遠。

首先對於茱莉安來說，茱莉安的靈程學是以基督為中心的 (Christocentric)。

愛就是神的理 (Love must be the reason)。這愛彰顯於基督的受苦和傷痕，愛又是上主神聖的智慧、能力及動機 (divine wisdom, power and intention)，承托著那朝聖於破碎憂苦的世代，飽歷戰患、疾病、死亡及內在掙扎的茱莉安。因此，她所執著的是一種以愛為其動力的積極人生觀。

這愛就像一重又一重的山，緊緊包圍著她；又像一浪又一浪的水，密密的掩蓋著她。不斷與上主的相遇，不斷的運用自由去抉擇、用理性去反省、用心靈去禱告，茱莉安終於對神聖的愛有一更整全的經歷。

雖然有關「耶穌母親」(Mother Jesus) 的描述源於教父，遠自聖經，茱莉安卻給予上主的「母親」(Motherhood of God) 的最佳說明。對她而言，上主的「母性」使祂聯繫於大地和眾生，使祂哺育及提攜祂所愛的人類，並甘願為人受苦去使人得醫治及釋放。[2]

愛給予她一種溫暖的家的感覺 (homeliness)，因為上主已經主動的去愛、去啟示，並接納，使受苦的人類能在上主的懷抱中找到安息之家。可是，無論是接受神的愛抑或是去愛神，茱莉安執著的不是感受或經歷，而是誠實的憂傷痛悔、滿有愛心慈憐，及追求上主純全的旨意。在家的愉悅就是在個人的自省及禱告中緊握上主的溫柔。毫無疑問，茱莉安繼承了歷代以來的唯愛傳統 (affective tradition)。

另一方面，茱莉安對希望的詮釋並不停留於基督的救贖和再來。對於一個充滿恐懼及傷痛的世界，她宣告的乃是一個充滿著「可能」和「盼望」的信息。同時，她不否認苦罪的真相及其所產生的後果。

每時每刻都存希望，都有「可能」轉悲為喜、轉危為安。這「可能」(possibility) 是在她的禱告及仰望中。茱莉安認為仰望 (beholding) 的獨特意義，就是集中於上主的慈憐，謙卑的承認人類的悲劇是一恆常的事實。希望乃是在內內外外的張力中之希望。

因此，她並不是一個避世者。茱莉安並沒有忘記這個苦難的世界。在她的密室中，她曾不斷向上主提問苦罪的真相！當她把心靈深處的感受及不解化作對上主的傾訴，前路忽然變得開朗。在此旅程中，她始於執著要知道，轉入困惑之際，她的祈禱急欲戳破上主的奧祕，然後，在頃刻之間，上主溫柔的臨在紓解了她的迷執。

希望，不是純然的樂觀，也不是激昂的自勵，它乃是一深沉的體認。在光明與黑暗、盼望與失落、知與不知、苦與樂、生與死的對立中，希望在於人在苦罪的困局中，願意誠實的與上主同行，並且明白到祂是誰、人生又是一回怎樣的事。

最後，愛的經歷及望的詮釋是在默觀旅程中去體會的，而自我認識則是必然的後果。自我的了解或醒覺 (self-awakening) 就是人從個體的殘缺無助中，又或從羣體的摧殘及逼迫中轉向神去尋求答案的一個過程。《神聖之愛的啟示》一書就是一個漫長的禱告旅程。在此旅程中，人開始對自己有更深的了解了。自我的醒覺的歷程不是單純的自我心靈探索，也不是單單有一份對人類的痛苦休慼情懷；人必須參與上主的受苦的旅程，才能完完全全的認識自己。茱莉安在這方面的深切體驗，並不是一般「廉價」的心理學或輔導學可比。

在此歷程中，人將看到跌倒及受苦是必然的。在向上的旅程中，因凝視上主而帶來的痛悔、慈憐及喜樂，將加深我對自己的了解，並給予我一股新的動力去愛神及鄰舍。這種情懷有若保羅所說的名句——以基督的心為心——一樣。

生命是不斷的轉化。但它之起始點必須是主體的心靈世界。茱莉安的自我認識是由內而外的。面對內外交織的衝擊，心靈強烈的渴慕解脱。愛及更深的渴望使她肯留在上主面前，看見內心的掙扎及一己的軟弱。經歷過悔改及矢志的追尋後，人更深認識自己了！

從此，她不再執著於外在的知識，她也不固執著地為自己的失敗而過分沮喪，她執著的乃是一位不懷怨、不控訴的上主。因此，她能坦然無懼的將她的不解及各種感受帶到神面前。她開始明白基督的死怎樣使她成為一個真正的人的意義了。

行到水窮處，人遂從愛自己、使自己滿足漸漸轉化成對上主更純全的愛慕了(desire)。

無可置疑，茱莉安所啟迪的是一個「成人」(individuation)的過程。這過程與寂然的朝聖有不可劃分的關係。像書中那種「視境於心」、「心入於境」的描寫，是一種對上主的情思，也就是「成人」必經的歷程。因此，太過概念化的去讀其作品的話，所得的必然不多。殷桑 (G. Z. Jantzen)[3] 認為茱莉安對人的成長，及人植根於神之內而得到醫治有深入的了解，對二十世紀的人有適切及深刻的意義，這是我非常同意的。

基本上，茱莉安的作品不是創作，而是她自身的描寫。彰顯於書中的不單是病床上所目睹的有形畫象，而是心靈中與自己、與神、與受苦的人類一起掙扎的畫象。可以說，茱莉安走進了她的作品中，敞開了她心——一顆赤誠真摰及滿懷憐憫的心。

與茱莉安一起禱告[4]就是與她一起面對人生。雖然經歷時代的動盪，察覺到一己的有限，卻在其禱告旅程中煉出一個純愛及恬靜的心靈。這心靈是敞開的，是充滿喜樂及希望的。

當我寫這篇文章時，我彷佛感受到全情全心的茱莉安仍然凝視主的十字架。我彷佛仍聽到她在說：「神就是愛。」我更深深的感受到，她正邀請我們去進入祈禱的旅程——要我們看清自己的心境、處境與世情。她更溫柔的肯定我們的神是一位只有祝福的神，也就是那位值得我們全心全情去愛的神，正如詩人說：

我的心哪，你曾對耶和華說，
祢是我的主，
我的好處不在祢以外。
祢必將生命的道路指示我，
在祢面前有滿足的喜樂，

在祢右手中有永遠的福樂。

詩十六2、11

1 巴特妮(Rita Bradley)"Julian of Norwich: Writer & Mystic" in Paul Szarmach, ed. *An Introduction to the Medieval Mystics of Europe* (Albany: State Univ. of N.Y., 1984),頁212。巴特妮在其他文章中更認為茱莉安結合了默觀(contemplative)與行動(active)的生活。

2 可參考J. Heimmel, *God is Our Mother: Julian & the Medieval Image of Christian Feminine Divinity* (Austria: Salzburg University, 1982)。

3 Grace Z. Jantzen, *Julian of Norwich* (N.Y.: Paulist Press, 1988).

4 參基道出版社〈禱告良朋〉系列的《茱莉安》。

閱讀網上、閱讀電影電視的人日多。公車上、食肆中、辦公室，以至於家中、閱讀的人也很多。關心次文化的人會分析一下都市人的閱讀多元多變的趣味，但也有一小撮人選擇以大自然、風景、建築、美術、無舞蹈作為閱讀的素材。

我想像不到，也分析得不清楚，為甚麼一本書會這樣感動我，無論是文學的、宗教的、藝術的、神學的、哲學的、心理的……還有那些我喜歡的小說與詩詞；究竟它們有我裏面是如何整合，又如何的塑造了這個我呢？我只能說這些閱讀和今日的我有千絲萬縷的關係。你又閱讀些甚麼呢？

緊扣時代 服事教會

以文字傳揚基督真道

讀者意見表

衷心多謝你購買本社書籍。本社一直致力以出版事工服事教會，幫助信徒扎根於神的話語，促進靈命增長。為使我們的出版更能滿足你的需要，請填寫下列各項資料，並寄回或傳真予本社。

所購書籍：____________________

本書最吸引你的地方：

☐作者 ☐適切性 ☐文筆 ☐設計 ☐實用性

☐其他：____________________

購買本書地點：

☐基道書樓 ☐基督教書店 ☐非基督教書店

性別：☐男 ☐女 職業：____________________

信仰：☐基督徒 ☐非基督徒

年齡：☐ 16 歲或以下 ☐ 17～25 歲 ☐ 26～35 歲

☐ 36～55 歲 ☐ 56 歲或以上

學歷：☐中三或以下 ☐中五 ☐預科

☐大學 ☐研究院

☐我欲更多了解基道出版社的事工及考慮支持，請寄給我下列資料：

☐機構簡介 ☐新書資料 ☐基道會員通訊

☐《基道文字事工通訊》

姓名：____________________ 電話：____________________

地址：____________________

____

傳真：____________________ 電子郵件：____________________

其他意見：____________________

____

多謝賜教！

意見表可以傳真（2687-0281）或直接郵寄以下地址：
香港沙田火炭坳背灣街26號富騰工業中心1011室
基道出版社編輯部收